見る・つくる・知る　おしゃれなアフリカ 4
アフリカンアート＆クラフト
African Arts & Crafts

アフリカンアートの世界を覗いてみようと首を伸ばしている本人もアフリカンアート。右の2人から「仲間に入る？」なんていう台詞が聞こえてきそうな、そんなストーリーのある感じで撮ってみました。
撮影　イ　サムソン（Yee Samson）
所蔵　白鳥清志

African Arts & Crafts

Contents

アフリカンアート＆クラフトへようこそ　　　　　　　　　　　3

Tales of Arts & Crafts　アート＆クラフトのお話　　　　　4

African Arts Gallery　アフリカンアートギャラリー　　　　8

私のお薦めアート＆クラフト　　　　　　　　　　　　　　　20

特集　暮らしと手工芸品　　　　　　　　　　　　　　　　　26
　陶芸Ⅰ・陶芸Ⅱ　　　　　　　　　　　　　　　　　　28・30
　バスケット工芸　　　　　　　　　　　　　　　　　　　　32
　テキスタイル　　　　　　　　　　　　　　　　　　　　　34
　染織　　　　　　　　　　　　　　　　　　　　　　　　　36
　バティック染め　　　　　　　　　　　　　　　　　　　　40
　皮革工芸　　　　　　　　　　　　　　　　　　　　　　　42
　ビーズ工芸　　　　　　　　　　　　　　　　　　　　　　48

　Let's Try　つくってみましょ！
　　アフリカンなかご　　　　　　　　　　　　　　　　　　33
　　アフリカの泥染め　　　　　　　　　　　　　　　　　　39
　　バティック染め　　　　　　　　　　　　　　　　　　　41
　　革のクラフト　　　　　　　　　　　　　　　　　　　　46
　　遊牧民のビーズ装身具　　　　　　　　　　　　　　　　49

African Fashion & Textile Arts　アフリカンファッション＆テキスタイル
　パーニュ布でつくるおしゃれ着　　　　　　　　　　　　　50
　伝統的なテキスタイルをつかって　　　　　　　　　　　　52

Dancing Arts　ダンスアート　　　　　　　　　　　　　　56

編集後記　　　　　　　　　　　　　　　　　　　　　　　　62

Welcome to African Arts & Crafts
アフリカンアート＆クラフトへようこそ

撮影　白鳥清志

「樹木の精霊よ、これがあなたに捧げる供物の鶏。あなたを切り倒し、一脚の椅子をつくります。斧が私を傷つけないように、あとで私が苦しむことのないように。そして素晴らしい椅子ができるよう、私に力をお貸しください」

アカンの人たちの木を切る前の祈り

アフリカの庶民にとって、アートやクラフトは身近にあるもので、決して高尚なものでも高級なものでもないようだ。アフリカの仮面や彫刻、住居、織物や焼き物、詩や音楽、ダンス……見えないものを形にし、生きものの生と死を目の前に突きつける。アートは、言葉とおなじ、生活に欠かせないもの、生きるあかし、生命に近い。

だからアフリカでは、誰もがアーティスト。彫刻家は農夫かもしれないし、不思議な力を授かった鍛冶職人かもしれない。アフリカの人びとが暮らしのなかで、つくり、使い、身に着け、受け継がれるもの、そのなかにアートがある。

アフリカアートは過去を語り、人の生き方とその価値を表現する。祖先の精神や力、動物のリズムを形にし、超自然と関わらせ、抑え切れない感情のほとばしりを表現する。彼らの生き方、地位、誇りを形にし、そして、私が何より好きなアフリカンユーモアやウィットというエンターテインメントを与えてくれる。

ようこそアフリカンアート＆クラフトへ！

アート＆クラフトのお話

■自然が素材、シンプルな道具

アフリカに古くから伝わるアート＆クラフトは、主に植物（樹木・ヒョウタン・ラフィアヤシ・綿・葦・竹・籐・樹脂）、動物（角・皮・ウール・羽・貝・象牙）、鉱物（銅・亜鉛・鉄・アルミニウム・石・粘土・ガラス〔石英〕・一般的ではないが黄金や銀）などを素材につくられてきました。こうしたクラフトは、彫刻には手斧・のみ・ナイフ。メタルワークには火かき、火箸やペンチ。織物には機織り機。やきものには模様を刻むための尖った石やトウモロコシの穂軸。ヒョウタン細工にはナイフ・枝、といった身近にあるものを使ってつくられています。専門の道具がたくさんなくても、アートは創れってことですね。

■代表的なアート＆クラフト

陶芸

人類の歴史の初期につくられたクラフトのひとつがやきもので、紀元前4世紀の土器がサハラ各地で見つかっています。今もアフリカ各地で愛用される素焼きの壺や瓶は、調理や保存はもちろん、赤ん坊の風呂、水や食物を冷たく保つ冷蔵庫代わりにも使われます。やきものの多くは女性（職人集団）によって、①大地から粘土を掘り起こす→②乾かした粘土を杵でついて細かな粉にする→③練って形をつくり・飾りをいれ、乾かす→④野焼き、という工程でつくられています。低温で焼かれるため欠けやすいのが難点ですが、アフリカの大地からつくられるおおらかで大胆なフォルムは、実用的で装飾的なクラフトのひとつです。

陶芸 ↓28〜31p

テキスタイル

ヨーロッパ勢力がアフリカに入る以前から、サハラ以南では亜麻、ラフィアヤシ、葦を素材に織物が織られていたことが考古学の調査から分かっています（木綿は13世紀の織物がナイジェリアやベナンで発見されていますが、それ以前の歴史は不明です）。こうした織物は狭い織り機で、狭い幅の布を織り上げ、つなぎ

Tales of Arts and Crafts

ざる・かご、ひょうたん工芸

ざるやかごは人類のクラフトの歴史のなかでは、やはり早い時期につくられたものです。素材には柳、葦、籐、ヤシの葉、イグサ、竹、バナナの繊維、サイザル麻、パピルスなどが使われ、その地域に自生する草木も大いに利用されています。最近では、鉄やアルミニウム、プラスチック、陶磁器製が出回るようになりましたが、庶民の台所では今も自然素材が健在です。かごやざるづくりは通常は女性の仕事ですが、地域によっては家族全員でも行います。

① 素材（草や樹皮）を集める→② 乾かす→③ より合わせる→④ 底から編みはじめる、が一般的な作業の流れです。近年では、このなかに染色も入るようになってきています。

編みの技法は最も古くからある、芯に渦巻き状に巻きつける「コイル巻き」が多く使われています。観光用として注目が集まるようになってからは、さらにデザイン性、実用性、美術性にと工夫が凝らされています。

バスケット工芸 ➡32〜33p

アフリカ原産のひょうたんは日常品から工芸品まで種類が豊富で、大陸全土で広く使われています。加工方法は、① 成長したひょうたんを採る→② 中身が腐るまで全体を水につける→③ 頭部を切り、中身を出す→④ 乾かし、装飾する〈ナイジェリア方式〉。① 頭部を切って→② ひょうたんのなかに水を入れ、③ 中身を取り、装飾する〈ガーナ・ボルガタンガ方式〉の２つが代表的。火ゴテ・着色・彫刻

樹皮布 ➡34〜35p、染織 ➡36〜39p

合わせて大きな布にするのが伝統的な技法。染色をしない白生地には、藍染めや、泥染め、文様染めなどが施され、装飾性のあるテキスタイルが生まれます。織りの仕事は、職業的な織りは男性（女性は糸つむぎ）、自家用は女性が行うところが多いようです。

織るというよりは叩いて伸ばす樹皮布、ラフィアヤシの繊維で織られるラフィア布は長い歴史をもち、アフリカのテキスタイルとして重要な工芸品です。なかでも樹皮布は、切る、縫う、刺繍・アップリケ、染色に適していることからアフリカの人々に好んで使われてきました。しかし水に弱いなどの難点があるため、綿のような丈夫な布が出回るようになってからは、その姿を消そうとしていました。近年、観光用としての価値が見直され、再び生産されるようになってきています。

5　African Arts & Crafts

象眼細工などで装飾を施されます。西アフリカには、嫁ぎ先にもっていったひょうたんが壊れたときに、それを修理する職人もいるそうですよ。ひょうたんを育てて楽器づくり➡「アフリカンリビング」

皮革工芸　皮革工芸➡44〜45p

ビーズ工芸

アフリカンビーズの種類は、トンボ玉などのトレードビーズ、細工用の極小ビーズの大きく2つに分けられます。トンボ玉は、ポルトガル商人が西アフリカ交易をはじめた初期の17〜18世紀に通貨がわりに使われました。のちに、オランダのシェブロン玉やイタリアのベネチアのモザイク玉も通貨として使われるようになります。アフリカ各地で行われたこの交易には奴隷貿易も含まれ、西欧諸国が新世界に運んだ黒人奴隷は、総数で1500万人とも2000万人ともいわれています。極小ビーズは、特に東や南部アフリカで好まれ、現在でも装身具などのタブーや儀礼をつくりだしてきたのでしょう。

そのものがミステリアスということではなく、火によって破壊と創造が同時に行われる不思議さとその畏怖の念が、多くのタブーや儀礼をつくりだしてきたのでしょう。

アフリカでは一般的に職人の社会的地位は低いといわれますが、鍛冶職人は特殊な能力をもつ専門家として特別の扱いを受けています。蜜蝋でつくった原型を粘土でつつみ熱し、蝋をぬきだしたあとに青銅を流し込む失蝋法、金槌など数少ない道具で金属を形づくる伝統的な技術が今も受け継がれています。

糸通し孔のついた小さな飾り玉が「ビーズ」という意味ですが、アフリカではほかにも熱帯雨林の木の実、海岸の貝殻、砂漠やサバンナのダチョウの卵の殻、動物の骨、歯や牙など、様々な素材をつかってビーズがつくられています。
ビーズアクセサリーのつくり方➡『アフリカンドレス第2版』、ビーズ工芸➡48〜49p

メタルワーク

青銅器や鉄器の鋳造といったアフリカのメタルワークの仕事ほど、謎に満ちて詩的な体験はほかにないでしょう。鋳造

木工芸

アフリカのクラフトのなかで最もよく知られているのが、彫刻などの木工芸品でしょう。美術館などで展示されている木製の仮面や彫像の多くは祭儀用につく

African Arts & Crafts　6

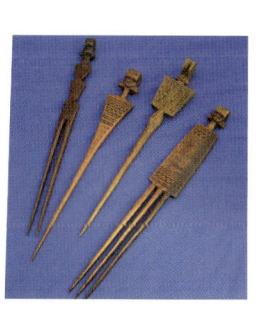

Tales of Arts and Crafts

ではありません。アフリカの人たち自身からも、この趨勢には危機感を覚える、という声が聞こえてきます。

外部からの影響、新しい顧客、その顧客がもたらす新たな要望に、日々変化を続けるアフリカのアート＆クラフト。それを創造するのは、伝統という名の両親をもちながら、もはやその伝統をそのまま受け継ぐだけではない「娘や息子」たちの世代です。

テキスタイル、工芸品、装飾品、絵画にと、伝統のもつ力強さを生かしながら、新しい形を生み出そうとする活き活きとしたバイタリティー。これらもまたアフリカンアート＆クラフトの新しい魅力のひとつといえるのではないでしょうか。

写真と文　白鳥くるみ

られたもので、木彫り職人、あるいは鋳造職人などが、その任にあたっています。

こうした特別な工芸品には、確かに見るべきものが多いのですが、アフリカの人たちが暮らしのなかで使っている家の扉、臼、太鼓、ビール樽、すりこぎ、楽器、ステッキ、カウベル、糸巻き、櫛、椅子、机、食卓といったものの中にも、個性的で繊細な細工の木工芸品が数多くあります。こうした庶民の芸術も注目されるといいなと思っています。

アフリカンアート＆ギャラリー ⇒ 8〜11p

アート（絵画）

サハラ砂漠の山中には、約一万年にわたって描き続けられた岩絵が存在しますが、サハラ以南のアフリカには、現在のような紙に絵を描くという伝統はなかったようです。美術品の制作が盛んに行われるようになったのは植民地時代、ノフリカ各地に住み着いたヨーロッパ人のアトリエが中心となって、多くのアフリカ人作家が生まれました。西アフリカではナイジェリア、セネガル、ガーナ、コートジボワール、東アフリカではウガンダ、中部アフリカではスーダン、コンゴで活発な美術活動が行われ、この流れは現在も続いています。

アフリカンアート＆ギャラリー ⇒ 14〜19p

アートでは、個人的にはペンキで描いた看板絵やマネキン画などのストリートアートがポップで面白いと思っています。

アフリカンアート＆クラフトの未来

西洋技法の影響、パトロンであった王の権力の衰退による儀式の途絶えなど、アフリカの伝統的なアート＆クラフトの継承や存続はけっして楽観視できるもの

7　African Arts & Crafts

兵士と子ども
コンゴ民主共和国 Lulua
木彫　123.5 cm

アフリカンアートギャラリー

African Arts Gallery

黒須さんのオールアフリカンアートコレクション

女性　コンゴ民主共和国　木彫　（左）91.5cm　（右）77.5cm

「僕のアフリカの恋人たちを見にこない？」とお誘いを受け、黒須さんのアジスアベバのお宅を訪ねて驚きました。2メートルはあるコンゴの楽器をはじめ、医務官のお仕事の傍ら、各地で集めた絵画や木像の恋人たちが家中に。「気に入ったのを集めていたら、こんなになっちゃったんだよ」と黒須さん。その数、木像50体、絵画15枚、ビーズ4キログラム。

タンザニア滞在でマコンディ彫刻に魅せられ、ケニアでは街中の土産物屋やアンティーク店を訪れたそうです。任地が変わるたびにコンテナで持ち歩き、乾燥の激しいアジスアベバでは、濡れタオルを室内に掛けて保湿を欠かさない。無造作に置いているようで、細かい気配り。栃木のご自宅に小さな美術館を開く準備を着々と進められています。

所蔵　黒須良玄
撮影　白鳥清志

（下）黒須さんお気に入りのエチオピア土器
体長27cm

African Arts & Crafts 10

ウイットがあってユニークなアートの魅力

11頁
(右上) ケニア　木彫　高さ 32 cm
(左上) コンゴ民主共和国　木彫・彫金　高さ 33 cm
(下) ケニア　木彫　高さ 36.5 cm

10頁
(左上) ガーナ Asante　木彫　高さ 49.3 cm
(右横) コンゴ民主共和国　木彫　高さ 185.5 cm
(右下) 西アフリカ　木彫　高さ 101 cm
(左下) タンザニア　木彫　高さ 134 cm

11　African Arts & Crafts

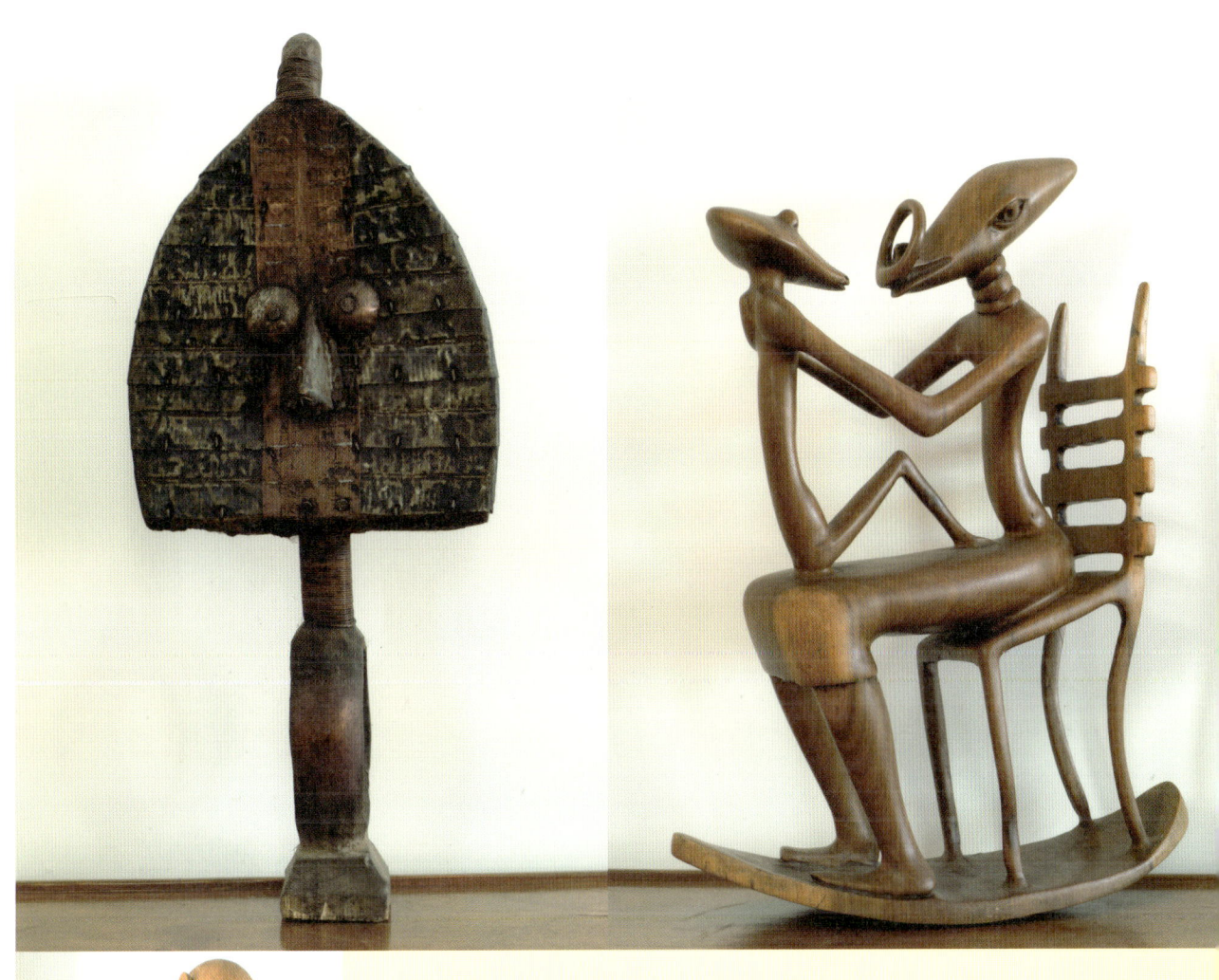

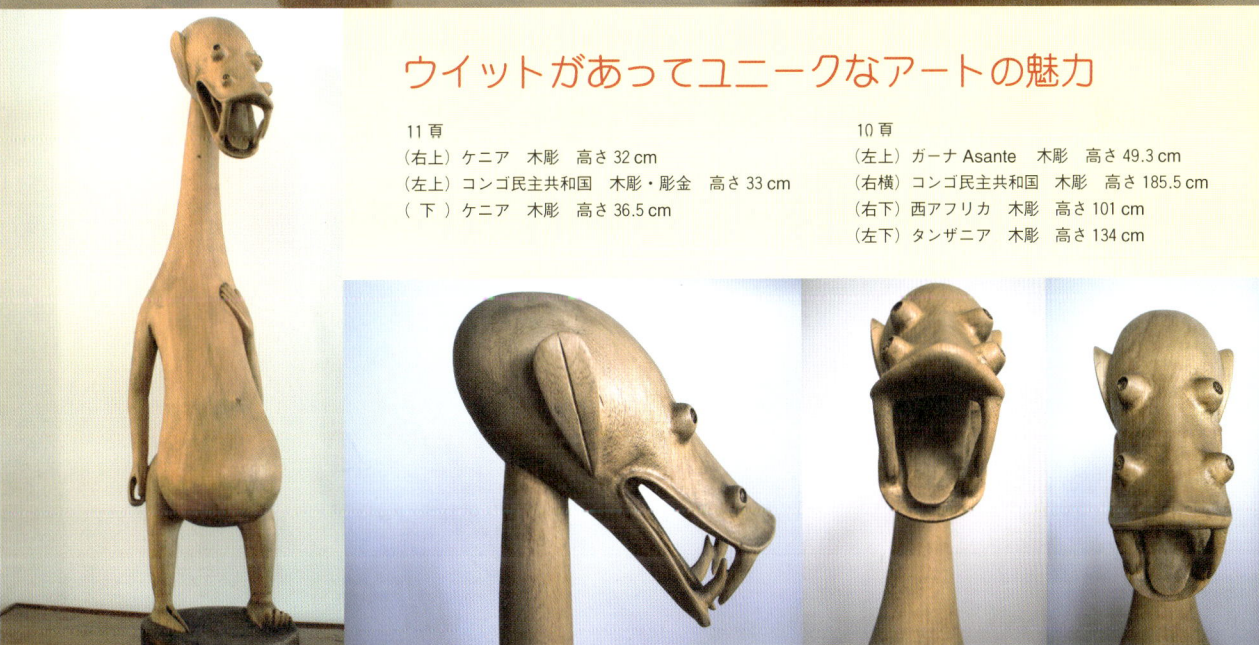

これも黒須さんのアフリカンビーズコレクション

アフリカでつくられたビーズや、交易を通じてアフリカの人びとの手に渡り、代々使われてきたビーズです。

マリ、現代的に見えるがアンティークだそう。

ニジェール、ハウサのアンティークビーズ。

アール・デコ風な北アフリカの琥珀ネックレス。

ケニア産の赤珊瑚と銀細工の組み合わせ。

地質時代の樹脂の化石、エチオピアの琥珀。

サンブル遊牧民、大粒の赤ビーズ。

琥珀のグラデーション、出所は不明。

スーダンで見つけた様々なビーズは花園のよう。

African Arts & Crafts

African Beads Collection

大玉の青シェブロンは地位の高い者が身に着けた。

ガーナで使われた手描き模様の交易ビーズ。

17〜20世紀、多くの交易ビーズがつくられた。

ひとつひとつ時代や製造方法が異なる。

マリ、手描きのビーズ。

模様、色彩の美しさ、歴史の哀しさ。

スーダンで見つけた6色層のシェブロン玉。

シェブロン玉、赤と青のコントラストが美しい。

吉田さんの東アフリカ現代アートギャラリー

エドワード・カムギシャ「農作業から」 　マケレレ大学付属美術ギャラリー 　アフリカンアートを紹介するCAAS

ケニア国立博物館

ナイロビギャラリー

東アフリカのアートシーンでは、大学などで美術を学びモチーフを西洋式の画風で表現するエリートアーティストのグループがあり、それとは別に美術教育を受けず、独学でアフリカ流の画風を打ち立てたグループがいる。東アフリカ出身で世界的に名高いジャック・カタリカウェやジョージ・リランガは後者である。彼らは西洋的な技法にとらわれずアフリカ人としての眼差しをはぐくみ、それが結果的に広く評価されている。その描くモチーフは静物から選挙、エイズ問題などまで様々であるが、エリートアーティストの多くはキリスト教系の中学高校の出身で、またこの地域では8割以上の人口が農村に住んでいて村の生活が中心であることから、キリスト教的なコンセプトで農村生活を題材にした作品が多いのも特徴のひとつである。

ここに紹介させていただくコレクションはそのような世代に影響を受けた、いわば第2世代の比

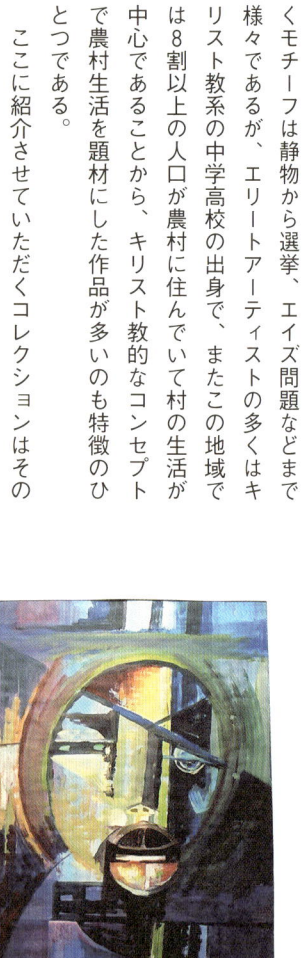

ゴドフリー・カウェレ「顔」 　ジョセフ・カトゥーン（スタジオにて）　カトゥーン「授かりもの」

African Arts & Crafts　14

African Arts Gallery

フーズ「未来を見据えて」

ジューコ・フーズ（アトリエにて）

フーズ「クリスマスの朝食」

ウガンダ・ノモギャラリー

スブガ「小舟と鳥とビクトリア湖と」

エリア・スブガ（アトリエにて）

較的若い作家の作品である。このような20代、30代の若手アーティストは、数名でアーティストグループをつくり、共同のアトリエを構え知名度を高めようとしている。

ウガンダで年に一度の協会展を覗けば、東アフリカのアートシーンでどのようなスタイルや技法が好まれているかがみえる。田中一村やゴーギャンのような熱帯アートを期待すると、恐らく見事に打ち砕かれる。熱帯アフリカの溢れんばかりの陽光も高原サバンナの爽やかな風も感じることはない。単調な色彩や筆づかいで満ちている。アーティストを含めて、多くの東アフリカの人々の生活が厳しくやるせない、そのような生活観に満ちたトーンともいえる。あえてヴィヴィッドな色遣いを意識している作品は、西洋の眼差しで熱帯アフリカのモチーフを翻訳したエリートアーティストに多く、また陽光を渇望するヨーロッパ人のコレクターを意識した作家に多い。

（CAAS：コンテンポラリー・アフリカン・アート・スペース）

写真と文　吉田栄一

スブガ「赤い情景」

アブシャリア　無題

ナイロビ・ワタツギャラリー

15　African Arts & Crafts

エリア・スブガ（ウガンダ） マケレレ大学工芸美術学校卒。若手では最も海外進出しているアーティスト。ドイツ、ギリシャ等でグループ展に参加。日本では2004年に東京デザイナーズブロックから分離したセントラルイーストCET04展に参加した。

スブガ「ボーナス」（2004年　ミクストメディア　165cm×95cm）
ウガンダ北部内戦をテーマとする「アチョリの物語」シリーズの1作品。過酷な気候、容赦ない日差し、その中には銃と、人と動物が見える。政治や社会問題を意識していた頃の作品である。

作者不詳　ウガンダのサイザル編み工芸
編みかごはアフリカ各地でつくられているが、ウガンダのものはとりわけ色彩豊かである。

セガンテブカ「エキニウェロ（酒壺）」シリーズ
（2001年　14cm×26cm）

African Arts & Crafts　16

ジューコ・フーズ（ウガンダ）カンパラ大学美術科卒、若手のリーダーの一人、共同アトリエを構え指導にも熱心にかかわる。

アーメッド・アブシャリア（スーダン）スーダン大学芸術学部卒、ケニア・ナイロビのパーヤバー芸術センターで活動。ドイツで個展、米国他でグループ展。ウガンダ在住。アフロキュビズムの先鋭。アラブとアフリカのアートを見事に融和させたタッチは南部スーダン問題への彼の眼差しを映す。

フーズ「ゴマシ（ブガンダ王国の伝統衣装）」（2003年　アクリル　72cm×115cm）
伝統的なモチーフを斬新に組み替えるフーズの技法は興味深い。ここでは敬意を重んじるアフリカの社会を取り上げた。

アブシャリア　無題
（水彩・インク　32.7cm×25cm）

アブシャリア　無題
（水彩・インク　25cm×14cm）

アブシャリア　無題
（クレパス・水彩・インク　25cm×22cm）

17　African Arts & Crafts

東アフリカのアートシーン

スブガ「戦禍の罠」
（2004年 ミクストメディア 134 cm × 153 cm）
戦禍では信用できる人がいない。老人や子ども、女性は最大の被害者である。ウガンダの北部内戦が過激化した時期に作成された2000年の「アチョリ（ウガンダ北部地方）の物語」シリーズ。

2006年にはロンドン、東京、ニューヨークなどを結び、世界的にアフリカ現代美術を紹介する「アフリカ・リミックス」展が開催された。これは、1998年の「アフリカ・アフリカ」展以来の大規模なものであった。このような大規模展に参加できるのは、アフリカ各国から1〜2名かぎりで、そこに選ばれるのは紛れもないトップアーティストである。このような機会を得るのは奇跡のようなもので、その次となるアフリカ大陸でも最大規模のダカールビエンナーレや、ヨハネスブルクビエンナーレなど世界的に注目されるアートイベントが開催されていて、東アフリカでも、2003年より東アフリカビエンナーレ（EASTFAB）がタンザニア・ダルエスサラームで開催されている。2005年のEASTFABではモザンビーク、モーリシャス、アンゴラなど南部アフリカまで参加国が広がった。

ナイロビのラヒムトゥラ・ギャラリー（RaMoMA）の発行する季刊誌「ムサニイ（スワヒリ語でアーティスト）」が2002年に発刊され、東アフリカの現代美術シーンの情報が定期的に流通するようになった。美術誌はウガンダ・マケレレ大学美術学校の「ROHO」があった

と欧米や日本の各地で開催される現代アートの企画展やワークショップ、アーティストインレジデンスになる。そのような先進国のアートシーンに到達するのはアフリカのアーティストにとってメジャープレーヤーになることを意味する。近年は、アフリカ大陸でも最大規模のダカールビエンナーレや、ヨハネスブルクビエンナーレなど世界的に注目されるアートイベントが開催されていて、東アフリカでも、2003年より東アフリカビエンナーレ（EASTFAB）が援助団体の支援を受けるなどして年数回の不定期な企画展を実施している。このような場所は販売を目的とした商業ギャラリーとしても機能することもあり、その財政基盤の弱さがあらわれている。このようなギャラリーとアーティストを支えているのは、野生動物観光などに来る外国人ツーリストと国際機関の関係者である。つまり観光客数の伸びが作品の需要をきめ作家人口をきめているのだ。観光客が購入するお土産のような値段の作品や、居間のソファ脇に飾るようなアート以上のレベルを目指す作家は

が、本格的な専門誌としては初めてである。そこには有名な作家との対談、欧米に在住するアフリカ人アーティストの紹介、最近の展覧会等が紹介されている。

企画展を継続的に主催している美術館と呼べるものがないのが残念としてはケニア国立博物館に付設された美術ギャラリーや、同館付属ナイロビ・ギャラリー、ウガンダ・ノモギャラリー等が援助団体の支援を

East African Arts Scene

スブガ「時と人生の友」
（2006年　アクリル）

画廊や美術館、収集家のたくさんいる欧米先進国に出て行かざるを得ない。芸術専攻の大学教員でも欧米の美術館コレクションや収集家の求めるレベルの作品をつくる機会はそう多くは与えられていない。

そのような困難な環境の中でも若い作家は創作に励んでいる。例えば、トリファニャギャラリー（ウガンダ・カンパラ）が毎年開催する「ディスカバリー展」は新人作家の登竜門となっていて、そこで、展示作品に選ばれると、プロ作家としてデビューした印象を残す。ドイツ人女性の経営するこのギャラリーは、人気作家が所属していてムカサやスブガや特にスーダンの現代アートがこのようなウガンダで公開されているのはスーダン国内の政治的混乱から国外に逃れたアーティストが少なくないことをあらわしている。

ノモギャラリー（ウガンダ・カンパラ）も年一度の大イベント「ウガンダ美術家協会展」を実施していて絵画から、写真、工芸、陶芸、ファッションまで広範にカバーするが、作品の選考はあまり厳しくない印象である。現在は軍幹部でかつアーティストでもあるツミウェ氏がギャラリーの運営に強い影響力をもっている。その敷地は軍用地に隣接する奇妙な空間である。

この他の主要なギャラリーとしてはマケレレ大学芸術学部（マーガレットトローウェル工芸美術学校）付設美術館がある。1937年の設立の際は、イギリスの植民地高等教育政策で、ケニアは建築学部を、タンザニアは舞台関係の学校を、そしてウガンダが美術教育を担当した。これによってウガンダは東アフリカのビジュアルアートの中心となってきた。学生の卒業展のほか、教員による企画展などを中心にしている。彫刻専攻に特徴がある学校といわれ、校庭には彫刻が点在していて楽しい。ケニア・ナイロビにはスワヒリ語で「3人」という意味のワタツギャラリーがある。1968年に開設され、84年にドイツ人女性シャフナーさんが70歳を過ぎてから責任者となり一大拠点と成長した。緩い曲線を描く白い壁の内装が当時のモダン建築をあらわしている。日本でもなじみの深いムパタなど約150人が契約作家として名を連ねる。ここはジャフリーやティンガティンガ（タンザニア）カタリカウェ（ウガンダ）など世界にはばたいた東アフリカのアーティストを育て輩出したギャラリーで、アフリカ現代美術はここをなくしては語れない。商業ギャラリーであるばかりでなく、恵まれない作家に画材を供与したり融資したりと作家をはぐくんできた場でもあった。アートシーンもアフリカ的な互助の精神に支えられているのである。

　　　　　写真と文　吉田栄一

カトゥーン「お祝いのための家族の集い」（2006年ミクストメディア）双子の誕生は村でも特別なこと。お祝いに駆けつけた親戚一同が母親と双子のまわりに集う。
ジョセフ・カトゥーン（ケニア）ナイロビでヌル・アートスタジオを共宰。ドイツ・アメリカ等で展示を重ねる。

私のお薦めアート&クラフト

アクセサリーがお薦めと同大使館員。 　ケニアの革やビーズは毎年進化。 　観光国として歴史あるケニアは、民芸品の数も種類も豊富。

バナナやサイザル、自然素材で編んだバッグ。 　インテリアにはバティック。 　カラフルなかご、欲しくなっちゃうでしょ。

様々な布で仕立てたアフリカンドレスもお薦め。 　彫り物ならシエラ・レオネ。 　デザインだけじゃなくて、履き心地もいいのよ。

パーニュ布でドレスを仕立ててね。 　ドレスの襟元にも豪華な刺繍。 　ファッションならナイジェリアよ、と大使館婦人。

African Arts & Crafts

Embassy Bazaar

大使館バザーで聞いたお薦め

男性シャツも現地ではオーダーメイド。

木工芸品も有名。

ラフィア椰子の布はコンゴが誇る工芸品。

伝統とモダンの融合がテーマ。

ザンビアのアーティスト。

同国の手織り、手染め布。

モーリタニア豪華な衣装。

マダガスカルの帽子、いい感じ。

僕そっくりの人形もお薦め。

レソトの伝統衣装だよ！

シャツも笑顔も素敵なトーゴ。

一枚あると重宝するカンガ布。

おしゃれなタンザニアのスタッフ。

癒し系のトロピカル柄。

ラフィア素材のかご、かわいい！

21　African Arts & Crafts

デザイナー＆アーティストバザーで聞いたお薦め

多くの異なる民族が暮らすアフリカ。新しいアート＆クラフトを生み出すために、各国で様々な試みが行われています。このアジスアベバで開かれるバザーもそうした試みのひとつです。

1 長年、羊皮紙に描いてきた絵画も、ニーズに合わせていろいろな素材に描くように。　2 やきものやバスケットは「使う」から、都市のライフスタイルに合わせて「使えて飾れる」ものが増えてきた。　3 実用的でアートなキャンドルスタンド。　4 伝統的なパターンを生かした革製品にも注目が。　5 これまでにないメタルの使い方、バザーはお互いを刺激する場になっている。　6 欧米やアジアの作品もアフリカンアートに影響を与えている。　7 明るい色彩のアートは、実はエチオピアでは珍しい。

African Arts & Crafts　22

Designers & Artisans Bazaar

8 野生の蚕からとれる絹糸を手紡ぎ、草木染めしたエリシルクのスカーフ。友人のキャシーが取り組んでいる。独特の風合いとぬくもりがあり、テキスタイルとしてのポテンシャルを持つ。　9 斬新に生まれ変わるリサイクルアートは、アフリカンアートの救世主かもしれない。これは空き瓶を溶かしたビーズ。　10 革のバングル、革にも大胆なデザインや色使いがアフリカらしい。　11 テフやバナナなどの植物の茎を漉いてつくった紙。自然素材は現地の人の注目度も高くなってきている。　12 こちらも革製品。職人が従来から持つ技法を掘り起こし、そこに新しい技法を加える試みが行われている。これは、そのプロジェクトから生まれた作品。　13 銀と革の組み合わせ。バザーに訪れる客との会話が、新たなアート&クラフトのヒントに。

取材と写真　白鳥くるみ

私のお気に入りクラフト

色や形が揃ってない手づくり感がいい。

定番のキリン、アフリカの本と一緒に。

船虫の虫食い跡にダウ船の歴史が感じられる。

定番みやげもじっくり見ると面白いものが。

ゲームに使うアフリカ産の石、みな種類が違う。

25年前に購入、色あせないビニール紐のかご。

どんな薬草が？
遊牧民の薬草いれ。

アフリカみやげの定番の中から、これは！っていうのを見つけたときは嬉しいですね。

船大工がつくったダウ船の模型、本物のダウ船の廃材をリユースした写真立て。鶏の卵には大きすぎるでしょう!?と突っ込みを入れたのに、店主に「ノープロブレム」と一蹴されたソープストーンのエッグスタンドは、やっぱり大きかった……。アフリカの大地から掘りだした美しい石と、その石を掘る人たちの苦労話。買ったときの情景や品物にまつわる物語が鮮やかなほど、そのクラフトがもっと好きになります。

写真と文　白鳥くるみ

African Arts & Crafts　24

My Favorite African Crafts

めずらしく深刻な表情のキリン。

ライオンの木彫りと並べてみると……なぜだか分かる！

ケニア東海岸の想い出はヤシの木陰とダウ船。

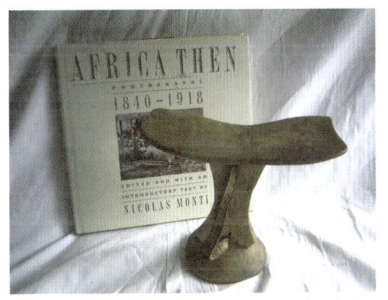

遊牧・牧畜民の枕＆椅子、民族ごとに形が違う。

アニマル・サミット

絶滅危惧種を救うための首脳会議？ いえいえ、そうではありません。いつの頃からか『アニマル・サミット』と呼ばれるようになった、木彫りの動物たちです。「あー、あれか！」「私、持っているわ」という方、その動物たちは正しい席順で座っているでしょうか？ 実は、お互いの力関係で決まる、正しい並べ方があるのです。

・チーターは肉食獣ですが、お隣のキリンもゾウも大きすぎて襲えない。
・キリンは草食獣ですからチーターもシマウマも襲わない。
・シマウマも草食獣で、キリンやサイを襲うことはない。
・サイも草食獣ですから、シマウマもライオンも襲われる心配はない。
・ライオンは肉食獣ですが、サイもゾウも大きすぎて歯が立たない。
・ゾウも草食獣なのでライオンやチーターを襲うことはなく、また大きいので襲われる心配がない。

どうです？ なるほどって思うでしょう。サイとゾウ、チーターとライオンは入れ替われますが、他の動物は場所が変わると食べられちゃいます！ 動物たちの平和のためにはどう並べればいいのか、いろいろ席順を考えてみてください。もしかすると、これとは違う安全な並べ方が見つかるかも知れませんよ。

写真と文　キウイア悦美

25　African Arts & Crafts

特集 暮らしと手工芸品

写真　黒磯由紀子

アフリカの人たちにとって暮らしのなかにある手工芸品は、ただ眺めるものでなく使うもの、芸術性の前に実用性（経済性、神秘性、宗教性、そして装飾性）があるようです。

たとえば、ここで取り上げたテキスタイル、ビーズやバスケットワーク。芸術性が高いですが、飾るものでも眺めるものでもなく使うもの、生活に密着したものです。

力強い感情表現と抽象的で美しいフォルム。

シンプルだけれど重要な線・形・質感・パターン、そして精神性。

日常性のなかにある生と死を表現するバイタリティー。

これらがアフリカの手工芸品が持つ大きな魅力ではないかと思います。

周りにある自然を素材にし、伝承技術でつくられるアフリカの手工芸品ですが、環境や社会の変化と共にその姿を消すものも多くなっています。

ここに掲載した実用的で美しいアフリカンクラフトに、あなたもぜひチャレンジしてみてください。

　　　　　　　　文　白鳥くるみ

Artists and Artisans

水平織り機で、もめん布を織るナイジェリア女性。

こちらは垂直織り機、シンプルだが機能的。

布を染める染料を煮だす女性。暑くて、力仕事だ。

バティックで染め上げられた、西アフリカの美しい布。

やきものは多くの場合、女性職人の仕事。

一枚の樹皮からこんなに広い布、ウガンダの樹皮布づくり。

主食のインジェラ用のバスケットを編むエチオピア女性。

絵画やバティックなど、現代アートを制作するアーティスト。

バティックを施す染め職人。

センスやファッション性も大事な皮革工芸。

トレーニングをつむ研修生、いつの日か職人に。

27　African Arts & Crafts

Ethiopia

陶芸 I
土器をつかい、つくり、売る人びと

エンセーテ
バナナに似たエチオピア起源の作物。主食のひとつとして栽培されている。

家とエンセーテ畑
南部で暮らす人々は、庭の畑に数百本も作付けし、イモや偽茎から掻きとったデンプンを発酵させパンなどにして食べる。

もっとも使われる土器ティラ
調理、酒づくり、水入れなど、使用頻度がもっとも高い。

土器づくりの村

エチオピアの西南部に暮らすアリの人たちは、標高1000メートルから2500メートルの地域で農業を行いながら自給自足的な生活を営んでいる。彼らは主食やおかずを調理するときに土器をつかう。アルミ製や鉄製のナベの方が丈夫だが、エンセーテやイモ類を蒸かしたり、パンを焼いたりするときには、土器の方がうまく調理できるという。今の時代に土器が生活のなかで活き活きと使われ、つくられているのはどんな所なのか、そんな素朴な疑問を持ち、エチオピア西南部で暮らす農耕民アリの村へ通いはじめて8年目になる。

土器をつかう

アリにはおよそ60種類もの土器があり、このうち調理具として使われるのは、約50種。もっとも頻繁に使われるのが、ティラと呼ばれる土器だ。同じかたちのティラでも高さ、口の広さ、首の高さなど、部位ごとの大きさで使い分け、キャベツ用ティラ、ヤムイモ用ティラという具合に、食材や料理名を語頭につけて区別している。

土器をつくる

土器づくりの村に生まれた娘は、6歳ごろから母親のそばで土器づくりを学びはじめる。彼女たちが最初につくるのは、飲みものを沸かすブン・

African Arts & Crafts 28

The Potter's Art

職人の夫が粘土を採取する。

エンセーテ料理の準備。

フタはエンセーテの葉。

アリでは1世帯あたり平均12個の土器を所有。

木の枝、枯れ草、青草を燃料にして野焼き。

道具をほとんど使わず土器をつくる。

母のまねをして粘土あそびする少女。

職人はさまざまな種類の土器を市で売る。

注文品の焜炉とヤカン。

交渉で決まる土器の値。

注文を受けつくった口広のタロイモ用土器。

ティラ。母親はまず、必要な量の粘土をつかみ取って「こうやるのよ」といいながら、自分の手の動きを示すと、すぐにその塊を手渡す。娘は母親の手の動きを観察しながら、見よう見まねではじめる。母親は「私の手と娘の手はちがうのよ」と、娘の土器づくりに介入したり、手をとって教えたりすることはほとんどない。娘たちは、はじめから終わりまで、すべての工程をひとりでやりとげることで、土器づくりを学んでいく。

市場で売る

娘たちは、売ることも覚えなくてはならない。市の立つ日の朝、母親に火入れしてもらった土器をエンセーテの葉でくるんで、歩いて1時間ほど離れた市に背負って行く。土器は、鉄器、木工品、家畜などと同じように、売り手と買い手の交渉で値段が決まる。だから、交渉の場はしばしば殺気立つ。だが職人たちは、低姿勢になることもなく、客が近づき価格を尋ねたときに、はじめて口をひらく。はじめはもじもじと下を向いて値段交渉していた娘も、むりやり安い値段で買っていこうとする客から土器を取り戻し、「売らないわ！」と叫んでお金をつきかえした。土器の売り上げのほとんどは、一家の生活費にあてられるという。

写真と文　金子守恵

29 African Arts & Crafts

Ethiopia

陶芸 II
伝統を生かして新しい形をつくる

多目的な入れ物。

牛型のキャンドルスタンド。

ユニークなかたちの壺。

民家を模したシュガーポット。

エチオピアでは、何世紀にもわたり職人（集団）によるやきものづくりが行われています。やきものの職人は世襲で、部外者が関わるのは通常は困難です。女性の職業訓練を目的としたセンターを運営するアベベさんはこのタブーを乗り越え、やきものづくりをはじめました。職人のもとに通いつめて3年、ようやく土を分けてもらうのに成功。その後も教えを請いながら、独自のやきものに取り組んでいます。まだまだ未熟と語るアベベさんですが、彼女のセンスに触発される職人も多く、こうした交流から、やきものの新しい形が生まれようとしています。

談話　Bethel Women's Trading Centre
撮影　白鳥清志／取材　白鳥くるみ

The Potter's Art

土をよく練り成形。手動式のろくろや手でかたちづくる。

配合した粘土に水を入れてよく混ぜ、2週間ほどねかせる。

職人に特別に分けてもらった粘土、採掘場は極秘になっている。

軍手、布切れ、木や金属片など、成形の道具は、いたってシンプル。

茶褐色の土で色付け。

天日で5～10日ほど乾かす。

焼き終えた器をユーカリの枯葉の中にうずめる。

薪、枯葉、牛糞を燃料に30～60分焼く。700～900度の温度になる。

よく磨き上げて、かたちを整える。

伝統を生かしながら独自の技法やデザインを工夫している。

仕上げたコーヒーポットで自家製コーヒーのもてなし。

茶褐色が数分で、見る間に漆黒色に変わっていく。

Uganda

バスケット工芸
バナナをつかって

バナナの葉の主脈を軸にして編んだバスケット。

自然にできる濃淡色を生かして編んだかご。

なべ敷き、ロープなど、様々なクラフトがつくられている。

皮を切り貼りした壁飾り。人々の暮らしぶりがアートに。

「バナナの国」とも言われるウガンダでは、バナナは主食の材料であるとともに、生活道具をつくるための材料にもされます。とくに、ビクトリア湖の周辺で暮らすガンダ（Ganda）の人びとの間では、村のすべての家にバナナ畑とバナナをつかったバスケットがあるといっても過言ではありません。

工芸品の材料にされる部位のひとつは、葉の主脈です。ナイフで削がれた細長い主脈の束は丈夫でしなやかさがあり、渦巻き状のバスケットの軸につかわれます。もうひとつの部位は、茎の枯れた皮（植物学的には「葉鞘（ようしょう）」です。バナナの茎の外側は、品種や生育環境、細かな部分によって黒さが異なります。その濃淡を利用しながら編むことで、模様の入ったバスケットや敷きものをつくることができます。また、この部位は切り貼りや染色も容易であり、装飾品もつくられます。

　写真と文　佐藤靖明

Basketry Arts

クズウコン科植物の茎を、バナナの新鮮な茎に差し込み湿らせて軟らかくします→B

日光の下で乾かします。→A

バナナの葉の主脈をナイフで細かく割きます。

20〜30回渦巻きをつくったら完成です。

Bで渦巻きの円と円をしっかり連結していきます。

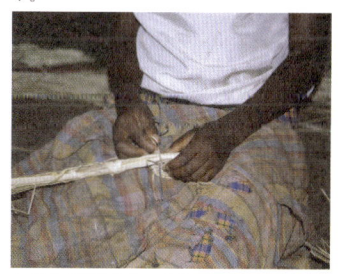

Aの束で渦巻きをつくりつつ、束に針で穴を開け、Bを通します。

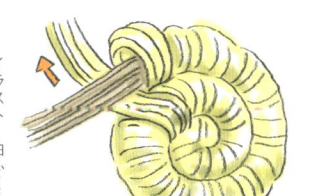

⑤ 底が好きな大きさになったら、手で起こしながら立ち上げていく。

⑥ 好みの大きさになったらできあがり！

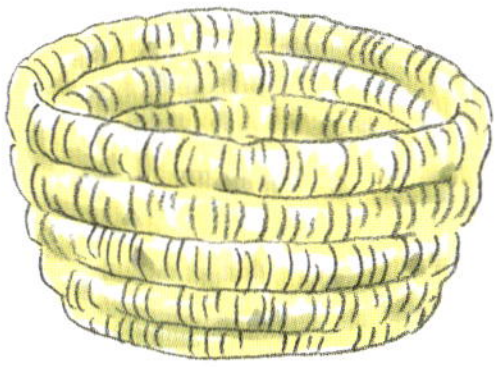

製作時間：2時間ぐらい 編みはじめとラフィアの継ぎ足しがちょっと面倒ですが、思ったより簡単でうまくできます。

アフリカンなかごを編んでみましょ！！

① 紙紐は1.5m×6本をそろえ、ラフィア3〜4本はとじ針に通しておく。

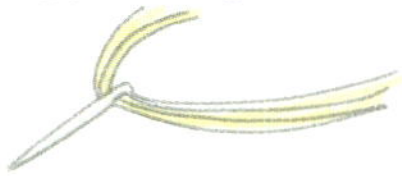

④ 2〜3cmラフィアを巻いたら前の段に8の字にひっかける。これをくり返して底をつくる。

時間をかければこんな大きなかごもつくれます。

② 紙紐にラフィアを3cmほど巻いたらはじを折り曲げ…

材料と工具
・紙紐（ホームセンターなどの荷作り用品）
・ラフィア（他の素材でも可）
・針（毛糸用のとじ針）
・はさみ

③ ラフィアを図のように8の字にひっかけてひきしばる。

ぎゅっ

イラスト 白ふくろう舎
制作 若松陽了

Uganda

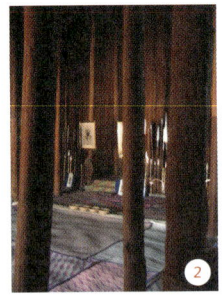

テキスタイル 樹皮布づくり

1. 日光にさらす時間や保存年数による色の違い。
2. 樹皮布で覆われた王の墓所の壁や柱。
3. 帽子づくり（Joyce Namuwonge Makula さん）。
4. バナナの葉による樹皮をはがされた木の保護。
5 6　樹皮布を素材にした街の土産物店での工芸品。

ガンダの人びと（32p参照）のあいだでは、古くから樹皮布づくりが行われています。樹皮布の木の多くは、かれらが主食としているバナナの畑のなかに植えられ、長年にわたって管理がなされます。ひとつの木からほぼ一年に一回のペースで樹皮がはがされ、煮る（蒸す、あぶる）、叩き延ばすといった工程を経て、布ができあがります。

そして、葬式のときに遺体を包む、王国の聖なる領域を示すといったように、特別なつかいかたがみられます。かつては、衣服など日常的な利用もされていました。淡い色をした薄くしなやかな布をつくるには熟練した技が必要で、そこに高い価値がおかれているようです。

樹皮布は、一定のパターンを繰り返して織られる綿布などとは違った性質をもっています。手触りや光沢、色あいには独特の「あたたか味」が感じられ、木のほのかな香りや防虫効果もあります。近年では、西洋向けのクラフトやアートの材料として注目が集まりつつあります。ウガンダの首都カンパラにある土産物店を覗いてみると、その素材としてのおもしろさを積極的にとりいれた装飾品などの工芸品をみることができます。

　　写真と文　佐藤靖明

African Arts & Crafts　34

Textile Arts

はがされた樹皮は、表面が乾燥しごつごつしています。

ナタやバナナの葉軸をつかって樹皮をはぎます。特製のハシゴもよくつかわれます。

クワ科（イチジクの仲間）の数種が樹皮布用の木に選ばれます。

鍋に水を敷いて樹皮を蒸します。1枚あたり20分ほどの時間をかけます。

蒸す準備をします。樹皮をバナナの葉で巻いておきます。

樹皮の表面を削ぎ落とすことで、より薄く柔らかにします。

樹皮を日光の下で一日ほど乾かしてできあがりです。

叩いたあと、より薄くするために引き延ばすこともあります。

蒸した翌日、専用の木製小槌で樹皮をまんべんなく叩いて延ばします。

Nigeria

染織

天然の藍で染める布

アフリカの布といえば、赤、黄、緑、黒……思わず目を細めたくなるような眩しい原色。

道端やマーケットを歩いていると、そんな原色の風を運んでくる女性たちに出会うだろう。

近年日本でも目にするようになった、「アフリカン・プリント」と一般的に呼ばれる布だ。元々は、アフリカへの輸出用にヨーロッパ諸国が生産したことからはじまった布で、今ではアフリカ内はもちろん、アジア諸国の工場でも幅広く生産されるようになった。大胆な構成と色遣いでろうけつ染めやプリントされたこの「アフリカン・プリント」は、今やアフリカを代表する布文化の一つとなっている。アフリカの布というと、このようなカラフルでビビッドな化学染料のものが主流だと思われがちだが、世界のあちこちでそうであったように、昔は自分たちの身の周りにあるものであらゆる色に染めていた。木の根や樹皮、葉、実、色のついた土など、その土地でしか採れない資源がその地にしかない色を生み出してきた。

写真1 ろうけつ染め布を扱う生地屋

その中で昔から現在まで変わらず使われてきた染料がある。それが藍だ。藍の原料である葉は場所によって多少種類が異なるが、その独特の深い濃紺は世界中で愛されてきた。この藍で染められた布には防虫効果があり、様々な病原菌から身を守ってくれる抗菌作用がある。それらは誰が教えるわけでもなく、日々の生活の中で発見された効力だった。アフリカで藍染めをしているところは多いが、ナイジェリアほど古くから親しまれ高い技術を持っている国は少ないだろう。多くの地で化学染料による染色が一般的になっているが、この国では現在でも、天然藍を使って染める光景を染め場（dye pit）で見ることができる。

写真2 街の染料屋／写真3 藍の葉／写真4・5 藍瓶

日本で古くから着物や風呂敷などを染める際に使う技法に、糊防染というものがある。もち米粉と米ぬかのついた土など、その土地でしか採

African Arts & Crafts　36

Dyeing & Weaving

を水で練りこみ蒸して作られる糊を、布の染めたくない部分にぬって乾かすことによって、染料の浸透を防いでくれる。その適度の粘りと水溶性から染めている間は溶け出さないが、水に浸すことで綺麗に洗い流すことができる。この糊防染と同じ技法で染められた布が、アディレ・エレコ（adire eleko）という名称で、ナイジェリアにも存在する（アディレ（adire）は「防染」を、エレコ（eleko）は「糊」を意味する）。日本の糊の原料が生活と関わりの深いもち米粉と米ぬかであるのと同様に、ナイジェリアではこの国の主食であるキャッサバが使われている。人びとはこのキャッサバを練ってもち状にしたものを、おかずと一緒に毎日食べているのだ。写真6 キャッサバ芋

このキャッサバに明礬（みょうばん）と水を混ぜて作ったラフン（laffun）と呼ばれる糊を、ヤシの葉や鳥の羽根の先につけて筆の様に文様を布に描いていく。模様は鳥やトカゲ、バノナの木などの動植物や、太陽や国内の歴史的建造物といった象徴的な要素が左右対称に描かれる。これらの文様は

組み合わされることによってことわざの様な意味を持ち、人の手によって精神的な力を布に封じ込めている。その力の存在が人を邪悪なものから守り、清めてくれると古くから信じられてきたからだ。ラフンをぬり終わった布は乾かされたのち、黒に近い濃紺になるまで何度も藍の瓶に浸け込まれる。

瓶は糊が溶け出さない程度の温度に保たれ、糊がはがれ落ちないように細心の注意が払われるが、回数を重ねるうちに溶け出したりひびが入ってしまう。そこに藍の色が少しずつ浸透して糊部分が薄い水色に染まるのだが、その自然に現れた濃淡が逆に何とも言えない味になり布に深みが加わる。最後に藍を定着させるために布は天日干しされ、乾いた糊は叩きこすり合わせることによってぱりぱりと簡単にはがれ落ちていく。こうして一枚のアディレ・エレコができあがるのだが、藍の色をより深く美しくするために天日干し後も布は水洗いされず、使う側もほとんど洗わずに使うのが一般的だ。

すべての文様に名称と意味を持つ

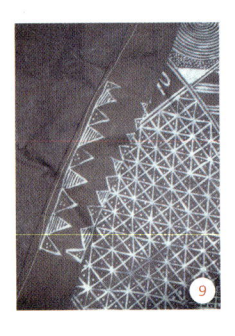

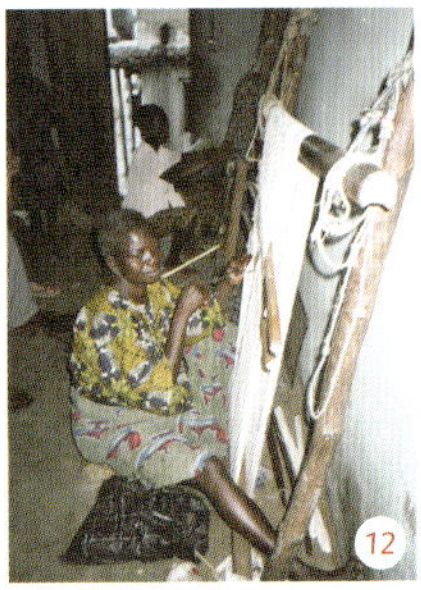

Decorating Fabrics

て染められるこの布には、大らかな存在感と有無を言わせない美しさがある。人びとが生きてきた歴史とともに歩んできた布だからこそ、愛され続けるという強さを持っているのだろう。その背景には、多民族が混在するこの地での様々な宗教への根強い信仰がある。アディレ・エレコのような伝統的な藍染めの布は、儀式的な行事の際にも欠かせないものだ。写真7 「海の女神」と呼ばれるアディレ・エレコ／写真8 細かい水玉から渦巻きまで、すべて手仕事／写真9 布の裏面に自分のサインになる模様を入れる

藍の色は、人びとにとって親しみのある日常的な色である以上に、民族の歴史や誇り、自分たちの精神そのものを象徴する色でもある。親しみと敬意を持ってこの色とともに今を生き、独自の藍染めの布との関わりを保ってきた。残念ながらナイジェリアでは現在、藍染めの伝統的な布を身につけている人の姿を見かけることは少なくなった。アフリカン・プリントの普及と時代の流れに押されるように伝統的な布の需要は減り、時間と労力を必要とするアディレ・エレコづくりはほとんど見られなくなってしまった。キャッサバではなく、ろうけつ染めによって染色をしている所もあるが、昔のような手のかかった布にはなかなか出会うことはできない。写真10 海外への輸出用に染められる、エレコデザインの布／写真11 スポンジにロウを含ませて描いていく／写真12 機に向う女性

アディレ・エレコづくりは1930年頃までがピークとされ、60〜70年代にも少しつくられたが再び衰退の一途を辿り、今に至っている。当時の布が数少なくなってきているなか、失われつつある伝統を守り受け継ごうとする人、その偉大さに気付き残していきたいと願う人たちによって、アディレ・エレコづくりは消えることなくその人びとの日常と記憶の中で生き続けていくことを信じたい。

写真と文　福島ゆり
キャッサバ芋写真　村尾るみ子

African Arts & Crafts　38

Bogolanfini

アフリカの泥染めにチャレンジ！

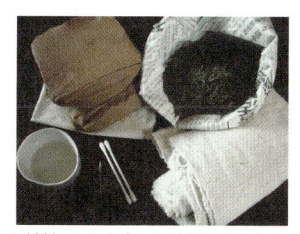

1 材料：もめん布、緑茶の茶葉、赤土、市販の漂白剤、鉄くぎ、綿棒。

2 自然素材の布は見た目より油や汚れを含んでいるので、30〜40分ほど煮込んでしっかり水洗いする。

マリの伝統的な模様を描いた泥染め布。

3 緑茶の茶葉を1時間ほど煮込む。薄い布で茶葉を漉して染液の完成。

4 布をたまに揉みながら1時間ほど浸け込む。そのまま干して、また浸け込むという作業を3〜5回繰り返す。

5 本来は鉄分を含む池や泥田の泥を使うが、今回は鉄分豊富な赤土を水で溶いて使う。

6 鉄くぎ（鉄製の棒）を筆がわりに模様を描く。天日干しした後、泥を洗い流す。上からもう一度なぞるように描く。繰り返すほど、色は濃くなる。

7 再び緑茶の染液の中に浸け込んで、30分ほど置く。

8 漂白剤を綿棒に浸みこませて、緑茶で染まった黄色い部分を脱色させる。

マリ共和国。この国では成人前の女性は、悪い病気にかかりやすいと昔から言い伝えられています。厄を払い身を守るために、泥で染められた布を日常的に身にまとう習慣がマリにはあります。

泥染めといっても泥の色だけで染めるのではありません。植物に含まれるタンニン成分と泥に含まれる鉄分を、化学的に反応させて染めるのです。マリで使われる特有の泥や植物は日本ではなかなか手に入らないので、今回は身近にある材料を使ったBOGOLANFINI（泥染め布）づくりを紹介します。

少しの技術に、つくる人のデザインやアイデアが加わることで、その布がみせる表情は幾千にも広がります。時間と手間はかかるけれども、自分の手で染めたBOGOLANFINIは、マリでもそうであるように、きっと特別で愛着の湧く一枚になってくれるはずです。

写真と文　福島ゆり
赤土提供　MICHINAKA BA工房

Senegal

バティック染め

独特の色彩、自由なデザインでつくられる西アフリカのバティック

バティックは、日本語でいうと「ろうけつ染め」。熱で溶かした蝋を使って、布の染めたくない部分を蝋でカバーしてから染色を行う伝統的な手法です。古代エジプト遺跡で、ろうけつ染めの衣服が発見されていることから、この手法の起源は、少なくとも5千年前に遡るといわれています。今日ではインドネシアなど、アジアの繊細なバティックの方がよく知られていますが、西アフリカ・セネガルなどでは、アフリカ独特の色彩、自由なデザイン感覚でつくられた様々な種類のバティックを見ることができます。

アフリカのものは大胆な柄で、色も赤、青、黄、緑、土色など、はっきりした色を独特のセンスで組み合わせるため、派手で明るいイメージのものが多くあります。これらは普段着、正装、家の装飾などに使われ、アフリカの風景にはこの手づくりで温かみあふれるバティックがよく登場します。

写真と文　トゥンカラ・智子
バティック制作　アマドゥ・トゥンカラ

African Arts & Crafts　40

African Batik

3 1色目の染色。蝋をぬらなかった部分だけが染まる。

2 白く残したい部分に熱で溶かした蝋をぬっていく。

1 布にデザインの下書きをする。

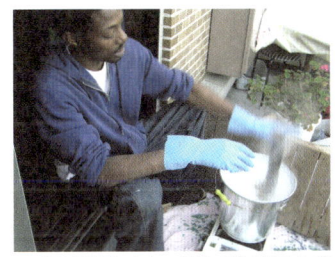

6 工程が終了したら、熱湯で蝋を溶かし落とす。洗浄、乾燥で、やっと完成。

5 2色目の染色。この後、蝋をぬり染色という作業を、色の数だけ繰り返す。

4 染色後、乾かした生地の上にさらに蝋を重ねてぬる。

バティック染めにチャレンジ！

準備：布を好きな大きさに切る。まわりは三つ折りにしてぬう。

① 新聞紙の上に布をのばし、ローソクの雫をおとす。

ロウが布の裏にしみるように

② 説明書にそって布を染め、すすいで乾かす。

③ 乾いたら、またローソクの雫で水玉をつくる。

前の水玉の間に新しい水玉を！

④ 今度は、濃い方の染料で染める。

⑤ 新聞紙にバティックした布をはさんでアイロンをかける。ロウがとけたらできあがり。

材料と道具
- 白い綿布（古いシャツなど）
- ダイロンコールド染色（2色）
- ハサミ
- 新聞紙
- 針と糸
- ローソク
- アイロン
- プラスチック容器
- ゴム手袋

イラスト　白ふくろう舎
制作　若松陽子

皮革工芸

■はじめに

人類がはじめて身につけた衣服は、動物の皮だといわれています。人が家畜を飼うようになってから、この皮の使い方はさらに広がっていきます。

アフリカの皮の歴史では、紀元前のエジプトの壁画に、革が王や神への捧げものとして扱われる様子が描かれています。なかでも革サンダルは権力者のシンボルだったらしく、自分のサンダルを召使にうやうやしく運ばせる高官、王の前で履物を脱ぎ素足で謁見する王子たち、神殿に入る前にサンダルを脱ぐ王の姿が壁画に見られます。

今日でもエジプトや近隣の国を訪れるとサンダルが市場に山積みされ、それを選ぶ人たちの並々ならぬ関心と熱心さは、この長い歴史によるものかもしれません。エジプトではやはり紀元前から、鞣し加工（皮を薬品などで処理し腐敗をふせぎ、柔軟性などを高める方法）が行われていました。この技術はエジプト起源ではないのですが、今日行われている鞣しの方法とほとんど変わらず、ラクダのキャラバンルートにのってアフリカ各地へと広がりました。今もなお、革職人の父から息子に代々伝えられる秘法として伝承されています。

■遊牧民の皮の鞣し方

野生動物も家畜も多いアフリカは、皮の素材にこと欠きません。ヤギ、羊、ラクダ、ウシはもちろんのこと、カバ、バッファロー、レイヨウ、シマウマ、象など（捕獲が禁止されている動物もいる）小獣から大型獣まで幅広く利用されています。革からつくられる製品も古いものでは、フラニのサドルバッグ、マサイの盾、ズールーの前掛けスカート、セネガルやギニアの容器（革は容器として、何世紀もつかわれています）、ケニアのミレットビールを飲む器（下がり）、団扇（うちわ）、革で、上は細かい編み細工、サンダル、矢筒、ナイフの鞘、ベルト、

お買上の書名

◆本書を何でお知りになりましたか？
　　　□新聞・雑誌の広告…掲載紙誌名[　　　　　　　　　　　　　　　　　　　　　]
　　　□書評・紹介記事…掲載紙誌名「　　　　　　　　　　　　　　　　　　　　　]
　　　□店頭で　　　□知人のすすめ　　　□弊社からの案内　　　□弊社ホームページ
　　　□ネット書店 [　　　　　　　　　　　] □その他[　　　　　　　　　　　　　]

◆本書についてのご意見・ご感想
　　■定　　　価　　　□安い(満足)　　□ほどほど　　□高い(不満)
　　■カバーデザイン　□良い　　　　　□ふつう　　　□悪い・ふさわしくない
　　■内　　　容　　　□良い　　　　　□ふつう　　　□期待はずれ
　　■その他お気づきの点、ご質問、ご感想など、ご自由にお書き下さい。

◆本書をお買い上げの書店
　　[　　　　　　　　　　市・区・町・村　　　　　　　　書店　　　　　　　店]
◆今後どのような書籍をお望みですか？
　今関心をお持ちのテーマ・人・ジャンル、また翻訳希望の本など、何でもお書き下さい。

◆ご購読紙　(1)朝日　(2)読売　(3)毎日　(4)日経　(5)その他[　　　　　　　新聞]
◆定期ご購読の雑誌 [　　　　　　　　　　　　　　　　　　　　　　　　　　　　]

ご協力ありがとうございました。
ご意見などを弊社ホームページなどでご紹介させていただくことがあります。　　□諾　□否

◆ご 注 文 書◆　このハガキで弊社刊行物をご注文になれます。
　　□ご指定の書店でお受取り……下欄に書店名と所在地域、わかれば電話番号をご記入下さい。
　　□代金引換郵便にてお受取り…送料＋手数料として300円かかります(表記ご住所宛のみ)。

書名	
	冊
書名	
	冊

ご指定の書店・支店名	書店の所在地域	
	都・道 府・県	市・区 町・村
	書店の電話番号　　(　　　)	

郵便はがき

料金受取人払

神田局承認

8505

差出有効期間
2008年11月
30日まで

切手を貼らずに
お出し下さい。

１０１-８７９６

５３７

【 受 取 人 】

東京都千代田区外神田6-9-5

株式会社 明石書店 読者通信係 行

お買い上げ、ありがとうございました。
今後の出版物の参考といたしたく、ご記入、ご投函いただければ幸いに存じます。

ふりがな		年齢	性別
お名前			

ご住所 〒   -

TEL ( ) FAX ( )	
メールアドレス	ご職業（または学校名）

*図書目録のご希望	*ジャンル別などのご案内(不定期)のご希望
□ある	□ある：ジャンル（ ）
□ない	□ない

Tales of African Skins and Hides

装身具、呪物、帽子、枕、ラクダの鞍、クッションなど、小銭入れから大型テントまで多種多様です。槍をも通さないマサイの盾のように強固な革もあれば、子どもの肌を傷つけない、エチオピアの少数民族が使うおぶい紐のような柔らかな革もあり、技術的な多様性もうかがえます。

このような昔ながらの草木鞣しの技術は、アフリカの遊牧民や狩猟採集民の暮らしのなかで今も生きていて、次のような方法で行われます。

① ヤギなどの生皮の肉や脂肪、毛をきれいに取って石灰水や塩水（尿や鳩の糞）などに数日つける。

② かたい革にするときは、このまま燻すか天日干しにする。

③ 柔らかい革にするときは、卵黄、草木、植物の実、獣脂（骨髄と脂肪をまぜて煮たもの）などを何度も重ね塗りし、滑石で磨く。

使う道具は、ナイフと研磨石くらいで、革にするための長い工程のほとんどは、手仕事で行われます。

■家畜数がアフリカで一番 エチオピアの皮革事情

ヤギ、ロバ、馬、ウシ、ラクダ……人よりも家畜が多いエチオピアでは、皮革の輸出はコーヒーにつぎ、貴重な輸出品です。しかし、土産用に持ち帰った革製品にカビが生えてきた、臭いがしてきたといった苦情が長い間絶えませんでした。従来から行われていた鞣し加工は、多様性がありながらも品質が一定しないなど技術的な問題を抱えていました。80年代後半からは、イタリアなどからの技術支援を受け、皮革製品の品質は飛躍的に上がっています。

近年では、輸出増産のための政府のバックアップも強化され、投資家も増えています。

あとは縫製やファッション性といった細かい技術の改善、そしてセンスや流行をどう取り入れるかが課題。アフリカの長い皮革細工の歴史に支えられた、個性的な製品や工芸品に期待したいところです。

文と写真　白鳥くるみ

43　African Arts & Crafts

Ethiopia

革をおしゃれに アフリカの職業訓練校で

カディルさん（左）は4人の子持ちです。アブとベティ（奥2人）は兄妹で参加でき幸せ。

開発中のサンダルは、靴型で形を整え中。

大ヒットのサンダル。履き心地は抜群です。

エチオピア政府が運営する革製品の職業訓練校は、私が皮革工芸を指導した通産省管轄の生産性向上センターと、教育省管轄の皮革製造技術研究所の2校です。両校とも、靴や革被服のパターン、縫製、皮を革に変える鞣し技術、皮革工芸の分野ごとにコースを設け、最短で2週間から最長3年間の研修を行っています。エチオピアの靴や革被服の製造業に携わる職人さんたちの多くは、このどちらかの学校の卒業生なのです。

アダマという地方都市で指導したこの写真のグループは、墓や石像の彫刻、看板絵を描く職人さんたちです。彼らが研修を受けようと思ったのは、研修費の支援を国際機関から受けられたこともありますが、平坦な革を裁断して縫製すれば、たちまち立体に変わることにとても魅力を感じたからだそうです。

革細工は初めてでも、もともとは職人さん。このグループがつくる革製品は、現地の人たちに人気が高く、バザーで一日に4千ブル（5万4千円）売り上げたことも。ほとんどの人が、この都市に数回あるバザーで生計を立てています。革細工だけで生活していくには、販路を広げることや、新商品の開発に挑戦することが必要ですが、つくっても売れるかどうかわからない商品に、たとえ少しの材料でさえも投資をすることはとても勇気がいることだといいます。

文 星めぐみ／写真 イー・サムソン

African Arts & Crafts 44

Leather Work

革のクラフトをつくってみましょ！

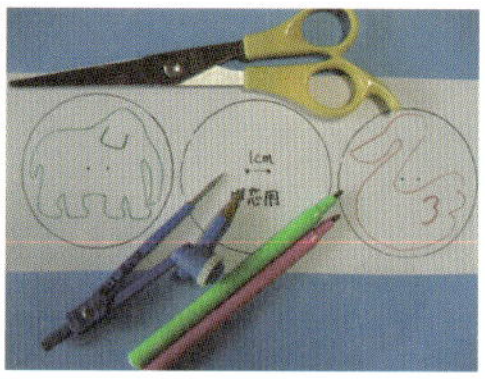

とってもよく回るよ！

4 ボンドが手につかないように。

1 厚紙に好きな図柄を描く。

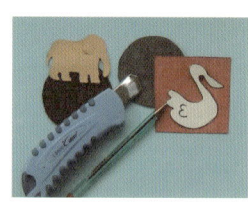

5 厚紙をはさんで糊づけ。

2 図柄を写してハサミで切り抜く。

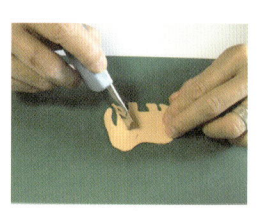

6 乾いたら穴を開けて糸を通す。

3 同じ所を少しずつ切るのがコツ。

■ぶんぶんゴマ

材料 革（7cm×7cm）4枚・3色以上、たこ糸1m10cm、厚紙

道具 コンパス、ハサミ、ボールペン、千枚通し、ボンド

つくり方

1 厚紙にコンパスで、直径7cmの円を3つ描き、円に納まるよう図柄を描きます。中心に1cm間隔で2ヶ所、たこ糸を通すための穴の位置を決めましょう。この時、穴の位置が図柄のフチに重ならないよう注意します。ハサミで切り、型紙にします。

2 革の裏に型紙をなぞりながら図柄を写し、ハサミで切り抜きます。中の線はナイフを使いましょう。

3 厚紙をはさんで糊づけします。中心の穴開け位置に気をつけて貼り合わせましょう。

4 糊が乾いたら、千枚通しを使って、中心に1cm間隔の穴を2つ開けます。たこ糸を通して輪になるように結び、完成です。

■キーホルダー

材料 革（5cm×12.5cm）1枚、革（5cm×5cm）1枚、厚紙（5cm×5cm）

道具 ハサミ、ナイフ、ボールペン、定規、リング、コイン、ボンド

つくり方

1 図のような形に切った革の裏面中央にコインを置き、コインの大きさに合わせた四角い囲み線をボールペンで書き込みます。

2 囲み線に沿ってナイフでくり抜き、窓をつくります。中央の細い部分にリング窓をつくります。

3 窓の内側にボンドでコインを貼付け、5cm角の厚紙・革の順にボンドで貼り合わせます。お気に入りの根付けなどで飾りをつければ、完成です。

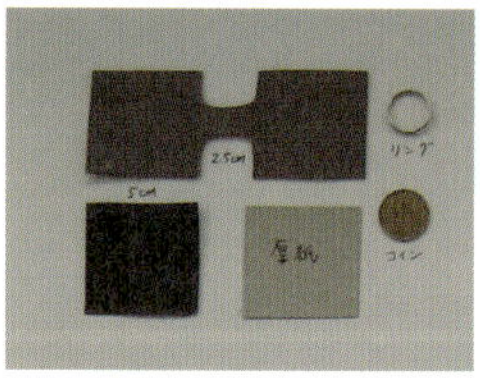

1 コインの大きさに合わせて、

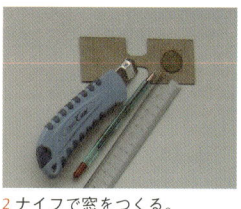

2 ナイフで窓をつくる。

3 リングを入れて貼りあわせる。

コインを貼って、飾りをつけて完成！

African Arts & Crafts

■ オセロゲーム

材料 盤にする革（30cm×25cm）、駒にする革（25cm×25cm）2枚・裏表で2色、駒入れ袋にする革（30cm×15cm）、細い革ひも（牛レース）または麻ひも60cm

道具 ハサミ、定規、1円玉、ボンド、細マジック、ボールペン、千枚通し、ゴムマット、パンチ

つくり方

1 駒をつくりましょう。（64駒）

1円玉を使い、20mmの円を64描きます。駒用の革2枚をボンドで貼り合わせ、よく乾いたらハサミで切ります。革に余裕があれば、予備もつくっておきましょう。
☆ハサミが糊でベタついて切りづらくなったら、除光液で拭くときれいになります！

2 盤をつくりましょう。

1辺に8マス、全部で64マスです。1マスが25mm×25mm、1辺が20cmになります。定規をあて、細マジックで丁寧にラインを引きます。ひと手間かけて、カラー布粘着テープを使い、市松模様に貼るとオシャレです。

3 駒入れ袋をつくりましょう。

30cm×15cmの革の長い辺を10cm折り、両方の縁を5mmほど糊づけします。乾いたら千枚通しで1cm間隔に穴を開けながら、細い革ひもでかがり縫いします。最後にフタの入口中央に、パンチで穴を開け、革ひもを通してできあがりです。さっそく、遊んでみましょう。遊び終わったら、なくさないように駒をしまい、盤をくるくる巻いて、駒入れ袋にはさみひもでしっかり結びましょう。

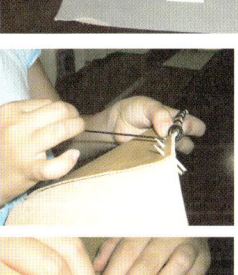

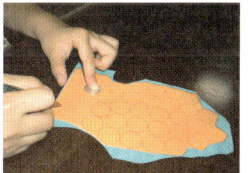

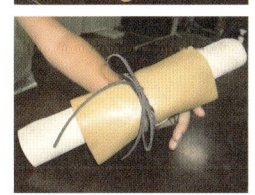

制作と撮影　西田寛子／協力　山本純子

革のバングル

----材料と工具----
・革（3cm×20cm）
・革用針（三角針）
・丸小ビーズ各色適量
・大ビーズ2個
・テグス糸 革用接着剤
・革ヒモ 1本

① 革を幅1.5cm 長さ18.5、20cmに2枚切る。1枚は裏に使う。

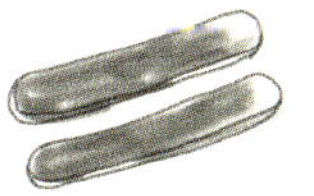

② 一列ずつテグス糸にビーズを通し針で革の裏側までさし、ビーズをとめる。

③ 模様になるように並べるときれい！

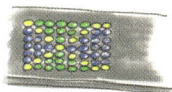

三角針は 丸ビーズより太いので、テグス糸にビーズを通してから針にテグスを通すとよい。

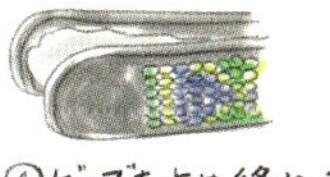

④ ビーズを止め終わったらもう1枚の革を裏に接着剤で貼る。

⑤ 両はじに穴をあけてヒモを通し、大ビーズをつける。 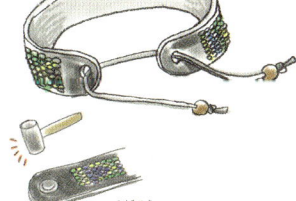
スナップボタンでもよい。

⑥ できあがり。

イラスト　白ふくろう舎
制作　若松陽子

ビーズ工芸
遊牧民の暮らしと装身具

娘の首飾りは、ビーズに針金を通して輪にしたものを束ねる。10〜15キロになる大きな飾りも。プラスチック片にビーズとボタンを縫いつけた飾りをその上につける。

モランと娘。

造花や毛糸も利用して派手さを競う。

初孫の腰ベルトは祖母が耳飾りでつくる。

花嫁。

東アフリカの乾燥地帯に分布する牧畜社会では、ビーズを多用した色あざやかな身体装飾が行われています。写真は、ケニア中北部でウシやヤギなどを飼って暮らしているサンブルの人たちです。彼らの装飾は一見「伝統的」に見えるかもしれませんが、実際には急速に変化しています。より大量で多彩なビーズが利用されることによって、近年ますます華美になっているのです。

なかでも「モラン（戦士）」とよばれる未婚の青年は、おたがいに競って美しく着飾っていますが、女性のおしゃれにも深く関わっています。彼らは気に入った娘を自分の恋人にしたいと思ったとき、その娘に大量のビーズを贈るのです。娘は承諾のあかしにビーズを受け取り、それで大きな首飾りをつくっていつでもこれを身につけます。重い首飾りを肩にのせ、重々しくゆったりと歩く娘たちはとても誇らしげです。

装身具には、多くのことを表わす役割もあります。装身具をよく見ると、その人の住んでいる地域や、未婚か既婚か、女性であれば、出産や流産の経験があるか、モランの息子がいるかどうか、さらにはその人のウシが最近あまりミルクを出さない、といったことまでわかります。

写真と文　中村香子

African Arts & Crafts　48

Beads Arts

乾燥地でもっとも頼りになるのはラクダだ。

炎天下の集落、昼の気温は40℃を超す。

日の出とともににぎやかになる家畜キャンプ、草原の朝は忙しい。

青年の格好よさは高く、まっすぐ飛ぶことで決めるんだ。

地味だが家計に欠かせないのは小家畜だ。

大きなコブをもつ種オスウシは男の誇りだ。

女は子育てに専念する。

男は生涯、家畜を増やすことに没頭し、

少女の美しさは首につける大量なビーズが勝負だ。

マサイ遊牧民のビーズ装身具にチャレンジ!!

材料と工具
- 針金(太さ0.5mm) 18.5cm×1本 4cm×7本
- ビーズ(丸小ビーズ、竹ビーズ、貝または飾り用の大きめのビーズ)適量
- ビーズ用の細いペンチとハサミ

① 針金7本の片方の端を丸める

② ビーズを入れて、もう片方の端も丸める。6本つくる。

③ 下の飾りをつくる。

④ 長い針金を三角に曲げて底の部分にビーズと③の飾りを通す。

⑤ ②でつくったパーツを入れる。

⑥ 丸や長ビーズを通しねじって止め、片方の針金は切り、残った方でピアスの金具をつくる。

イラスト 白ふくろう舎
制作 若松陽子

African Arts & Crafts

Burkina Faso

アフリカンファッション&テキスタイル
パーニュ布でつくるおしゃれ着

　ブルキナファソでは、おしゃれ着は一着ずつ注文仕立でつくられています。アフリカンドレスがどんな風につくられるのか、仕立屋さんを覗いてみましょう。

　生地屋さんで気に入った生地を買ったら、仕立屋さんに持って行きます。ブルキナファソの女性が特に好きなのは、プリント生地パーニュや、きらきら光るサテンの布バザンです。お店には写真やポスターが備えてあるので、その中から選んだり、仕立屋さんと相談したりして服のデザインを決めます。今、女の子たちにはパーニュの模様のアップリケや袖のない形が人気だそうです。デザインが決まったらサイズを測って仕立代の交渉。値段が決まったら前金を払って、あとは仕立屋さんにお任せします。約束の日にお店に行き、試着してデザインやサイズを確認します。よければ、残りのお金を払って、さあ、おしゃれ着の完成です！

＊巻き布や服の生地につかわれる大胆な模様のアフリカンプリント布は、西アフリカではパーニュと呼ばれます。

写真と文　遠藤聡子

African Arts & Crafts　50

African Fashion & Textile Arts

大きな模様がアクセントよ。

この刺繍どう？クールでしょ。

袖なしモデルが最新ファッションよ。

よく見ると2枚の布、おしゃれ！

大胆なカッティングを見て！

サイドスリットがかわいいドレス。

ミニブーブーでも、さすがの貫禄。

別布をつけてエレガントに。

手織り布を縫いこんだ特注だよ。

白糸のアクセントでスタイルよく。

後ろ丈の長いスカートが流行中。

裾のアップリケがポイント。

African Arts & Crafts

Ethiopia

伝統的なテキスタイルをつかって

1・4 エチオピアの新年、9月になると次々と咲き乱れ大地を黄色く染めるマスカルフラワー。日本の桜のように国民から愛されている。 2 ショーの幕開けはこの象徴的な花をイメージしたドレスから。モデルはミスエチオピア。 3 靴もアクセサリーも手作り。テキスタイルは現地製や当地で入手できるものを使った。

文　鮫島弘子
プロジェクト企画・製作　鮫島弘子、星めぐみ、島袋博江

ファッションプロジェクト

世界で最も誇り高く美しいといわれる民族、ミステリアスな伝説と独自の宗教、暗号のような文字、音楽、ダンス……今でも生活の端々から何百年もの歴史の息吹を感じるエチオピア。彼らと働き、食べ、話をするうちに、独特の視点や美的感覚に興味を持つようになりました。一方で、伝統的な文様の多くが近代化の波のなかで消えつつあることを知り、エチオピア人のデザイナーたちとこの現実を一緒に考えることができたらと、ファッションプロジェクトを開始しました。

エチオピアの自然や風俗をドレスに

伝統的な素材などエチオピアで入手できる素材を使って「Another Ethiopia」をテーマにファッションショーを企画したのは2004年のことです。大地を黄色に染めるマスカルフラワーや、原色の小鳥、コーヒー、マラソン、不思議な形状の十字架、大地とともに生きる人び

African Arts & Crafts　52

African Fashion & Textile Arts

Down to Earth

自国のテキスタイルに誇りと自信を

と……エチオピアで、見て、感じたことを思い出しながら、前衛過ぎず、でも新鮮で、見た人が楽しい気持ちになるようデザインを考えました。デザインが決まっても、予定していた素材が市場から消えてしまったり、会場の安全性が問題となったり、スタッフが病死したりと準備は難航を極め、途上国でプロジェクトをおこすことの難しさ、またこの国のおかれている現実を思い知りました。

私たちはこのショーを一部の富裕層のためのエンターテインメントにはしたくないという思いから、高級ホテルのような場所ではなく、庶民の大好きな映画館を借り切って開催することにしました。それぞれのデザインの源となったエチオピアの映像を流しながら、その前をモデルたちに歩いてもらうという趣向です。モデルは、ミスワールドエチオピアなどのプロのほか、ラジオで公募したモデル初挑戦の女の子や、当地の人気コメディアン、サーカスで生計をたてる孤児たちなど、多彩な顔ぶれが集まりました。

ショーの模様は連日メディアで紹介されたり、集まった多額の収益金を現地NGOへ寄付することができたりと、予想以上の成功を収めました。なかでも嬉しかったのは、「経験したことがないほど感動した」「自国の素材でこれだけのことができると分かった。今後の仕事に活かしたい」といった声がたくさん聞けたことです。私自身も、新しい心の目を開かせてもらうことができた気がします。多くの問題を抱えるエチオピアでは、この小さな成功は砂漠の一滴の雫でしかないかもしれません。今は日本に帰国した私たちですが、小さな雫からいつか大きな波紋が生まれることを夢見て、自分たちにできることを続けていきたいと思っています。

5 エチオピアのシンボルともいえる動物、ライオン。
6・7 数多くの珍しい鳥が生息するエチオピア。色とりどりの小鳥の妖精。
8 エチオピア南部の大地と共に生きる人びとや動物たちを司る女王をイメージして。
9 エチオピア南部に住むハマル族の少女たち。

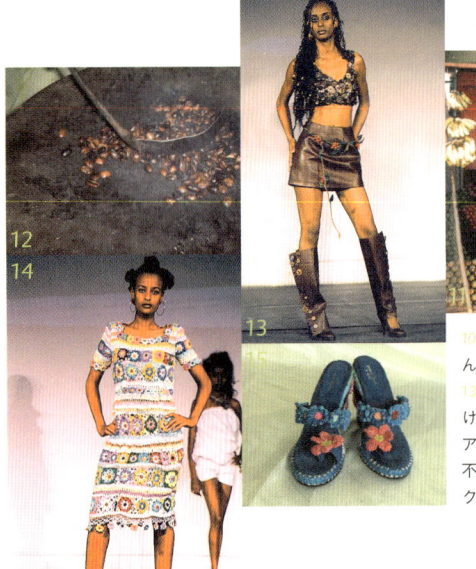

Walking on the Street

10・11 カラフルなエチオピアの八百屋さん。 12 コーヒーの発祥地エチオピア。 13 トップスは当地の古着屋さんでみつけたボタンと紐だけで。 14 エチオピアでも問題となりつつあるビニール袋の不燃ゴミをモチーフ編みにして、リサイクルドレスに。 15 靴も同素材。

Ripples of the Player

18・19 エチオピアに眠っているといわれている伝説の聖櫃（失われたアーク）と、その強力なパワーから私たちを守るために使われる傘。エチオピアの宗教行事にはかかせない。

African Arts & Crafts 54

24・25 エチオピアの伝統的な織物"テバブ"のなかには、日本の伝統的な文様とよく似ているものもたくさんあります。写真では分かりにくいですが、襟の部分が十二単のようになっています。下駄は木工の技術指導をしているボランティアにエチオピアの木材で一から制作してもらいました。

20-23 ガーゼのようなエチオピアコットンをしぼって、たたいて皺加工をほどこした"シュブシュブ"。元気なサーカス団の少女たちに着てもらうことで、生地は風をはらみさらに美しい表情を見せてくれました。エチオピア人が大好きな天使をイメージして。

Love of family

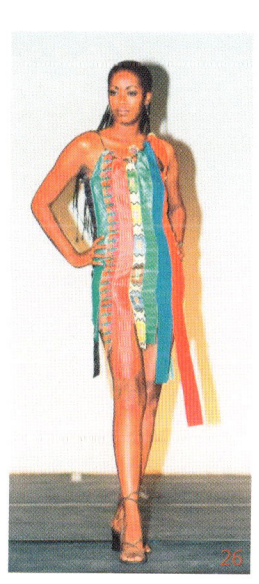

26 家によって様々な文様が伝えられている伝統織物。採取した幾つものパターンを一着のドレスに。 27 伝統工芸品マッソブ。 28 27のパターンをセーターとビーズ編み込みで再現したトップス。 29 ドルゼ、ワライタ地方の伝統織物。

55 African Arts & Crafts

ダンスアート
踊ってみようアフリカンダンス

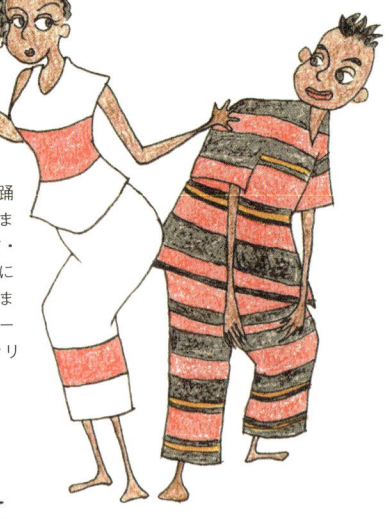

ワライタの踊り（南部諸民族州ワライタ県）

エチオピア南部に暮らすワライタの人びとの踊りは、なんと言っても腰の動きに特徴があります。北部のアムハラやティグレの踊りが、首・肩・胸など、主に上半身を使うのに対し、南に下るほど、下半身の動きが激しくなってゆきます。ショーに観るワライタの踊りは、エンターテインメントとしての完成度も高く、軽快なリズムとコミカルな動きで観客を魅了します。

オロモの踊り（オロミア州）

エチオピアで最も人口の多いオロモの人びとは、国の中央部から東部・南部・西部にかけて、広い範囲にわたり暮らしています。その踊りは、勇ましく、男性はライオンのたてがみを模した毛皮を頭に被り、手に棒を持って激しくステップを踏みます。圧巻なのは、女性の首振り。あまりの激しさに頭が外れてどこかに飛んでいってしまうのでは……と心配になるほど。個性的なダンスは、一度観たら忘れられません。

エチオピアの人びとは、ダンスが大好き。テレビをつければ、日に幾度も民族舞踊の放送が流れます。一家団欒の楽しいひとときも、親戚中が集まって祝うお正月やイースター、結婚式といった特別な日にも、エチオピアの人びとの生活に唄や踊りは欠かせません。80以上もの民族が織りなすエチオピアの文化は、多様なアフリカの中でもとりわけユニーク。民族ごとのアイデンティティがこめられたダンスは、観て楽しく、踊るともっと楽しい不思議な魅力に溢れています。

イラストと文　山本純子

African Arts & Crafts　56

Dancing Arts

グラゲの踊り（南部諸民族州グラゲ県）

首都アジスアベバから南西に約100キロ。エチオピアのほぼ中央に暮らすグラゲの人びとは、働き者。そんな暮らしぶりが踊りのスタイルにも表れます。民族舞踊には珍しく、女性は、パンツスタイルが定番で、長い髪が邪魔にならないよう、すっぽりとスカーフで覆います。男女ともにテンポの早い曲に合わせ、まるでマラソンランナーのように休む間もなくステップを踏み続けます。全身をしならせながら、跳びはねるように踏む男性の激しいステップは、見応え充分。思わず見とれてしまいます。

ガンベラの踊り（ガンベラ州）

エチオピアの西、スーダンとの国境付近にあるガンベラ州。この地域に暮らす人びとの多くは、スラリと背が高く、エチオピアの他の地方の人びととは、少し趣きが異なります。ガンベラの踊りは、ウエストの素早い捻りが特徴的。女性は、たくさんの宝貝で飾られたフリンジを左右に飛ばし、まるで楽器を奏でるようにジャラジャラと音を鳴らしながら踊ります。

アムハラの踊り（アムハラ州）

エチオピア北部に暮らすアムハラの人びとの踊りは、ウスクスタと呼ばれ、首・肩・胸の動きがとてもユニーク。ゴンダール・ゴッジャム・ウォッロ等、地方によって独特の振りやステップがあります。首都アジスアベバには、伝統音楽を楽しみながらお酒をいただけるアズマリ・ベット（社交場・酒場）があり、マシンコ（一弦楽器）やカバロ（太鼓）に合わせてアズマリ（吟遊詩人）が唄い、毎夜遅くまでウスクスタを楽しむ人びとで賑わいます。

ソマリの踊り（ソマリ州）

エチオピアの東、ソマリアとの国境付近に暮らすソマリの人びと。ムスリムならではの、髪をスカーフで覆うスタイルは、慎ましいソマリ女性の美しさを際立たせます。耳を澄ませば、全編に刻まれる太鼓の音を捉えることができるはず。この太鼓のリズムに合わせ、優雅に、けれど、しっかりとステップを踏みながら、男性は、しなやかに逞しく、女性は、長いスカートを蝶のように広げ華麗に舞う。とても美しいダンスです。

踊ってみよう！エチオピア民族舞踊

ウスクスタ 編

『聴いてみよう！ウスクスタの音楽』
http://ababa.cocolog-nifty.com/mamebon1/2007/02/1_44bd.html

≪肩を動かしてみる≫

1. 腰に手を当てて真っ直ぐ立ちます。
2. 身体の芯は真っ直ぐのまま右肩を落とします。
3. 左肩を落とします。落とした肩越しの流し目視線も忘れずに！

＊肩と一緒に身体が傾かないようにするのがポイントです。

≪両肩を動かしてみる≫

1. 腰に手を当てて、まっぐ立ちます。
2. 肩の力を抜いて、軽く屈伸運動。
3. 膝の弾みを使って両肩を上下に動かします。慣れてきたら、リズムに合わせて顔を左右に振ってみましょう。

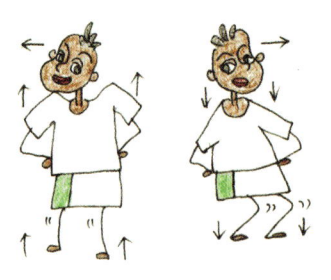

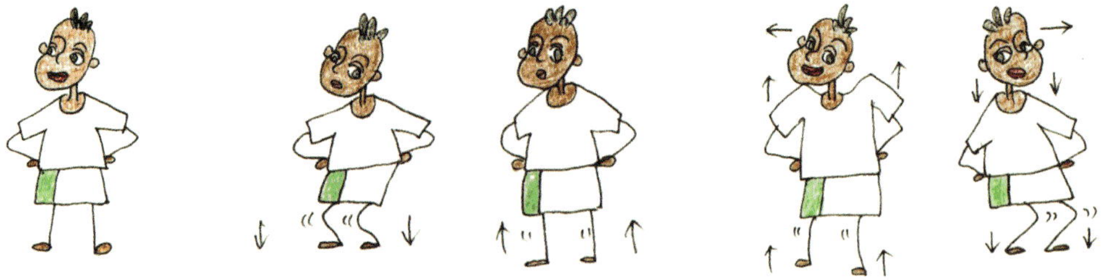

＊膝から伝わる反動を上手く使うのがポイントです！

≪胸を動かしてみる≫

1. 肩甲骨と肩甲骨をくっつけて…胸を張る。
2. ゆるめる。リズムに乗ってこれを繰り返します。

＊長いネックレスを首からさげて練習してみましょう。
胸を張った時にネックレスを跳ね飛ばすように高く高く上げるのがポイントです。
これが上手にできるのは美女のあかし！

African Arts & Crafts

Dancing Arts

≪基本ステップⅠ≫

1　2　3

1　足を肩幅より、少し広めに開いて真っ直ぐ立ちます。
2　身体を左に傾けて…
3　身体の前でポンッと手を叩きます。

踊ってみよう！
エチオピア民族舞踊

グラゲ 編

『聴いてみよう！グラゲの音楽』
http://ababa.cocolog-nifty.com/mamebon1/2007/02/2_f6fe.html

反対側も同じように……

≪基本ステップⅡ≫

グラゲのリズムは、ケンケンのリズムと同じです。

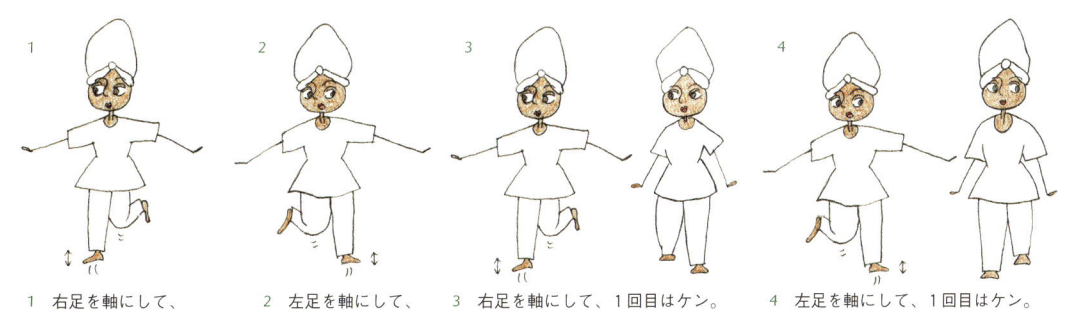

1　右足を軸にして、2回ケンケン
2　左足を軸にして、2回ケンケン
3　右足を軸にして、1回目はケン。2回目は、左足を前にチョン。
4　左足を軸にして、1回目はケン。2回目は、右足を前にチョン。

その場で、足踏みをする要領で…
これを繰り返します。

＊軸足のカカトをしっかり踏んで、リズムを刻みましょう！

5　6

ステップ練習をマスターしたら、
今度は手の動きもつけてみます。

5　手のひらを合わせて伸ばす。
6　伸ばした手をそのまま手前に引く。

この動きをステップを踏みながら素早く繰り返します。

＊ちょっと疲れてきたら、
ヒザでリズムを取りながら、
顔の横で手を叩きます。
手を上下に動かしながら叩くとプロっぽい！

59　African Arts & Crafts

星めぐみさん（青年海外協力隊OV　皮革工芸）　日本では、靴製造業で企画開発に携わっていた星さん。この技術を生かし青年海外協力隊員として、エチオピアの首都アジスアベバや地方都市で皮革工芸を教えていました。現在は日本で、さらにそのセンスに磨きをかけるべく、美術学校に通っています。これからも、ずっと革加工職人の仕事を続けていきたいという星さん。住んでいる街の隅々まで歩くのが、趣味だそうです。作品には、この街散策で得た情報と感性がまさに生きています。

西田寛子さん（モカ・エチオピア・ダンスグループ）　革クラフトのページに作品を紹介してくださった西田さん。エチオピアダンスグループの一員で、アジスアベバのナショナル・テアトルのダンス合宿にも参加されました。このときのエチオピアの想い出を、油絵や革素材などを使って制作されたものが今回の作品。世界各国の民話などを、触って分かる立体的な挿絵と点字で本にするボランティア活動にも取り組んでいます。革クラフト、簡単にできるのでぜひ試してみてくださいね。

中村香子さん（京都大学大学院アジア・アフリカ地域研究研究科）　ケニアの「遊牧民サンブルの人びとの装身具」を中心に調査・研究をされている中村さん。装身具にみられる変化を、学校教育・出稼ぎ・観光・市場経済といった現代的な状況と関連づけ考察することが研究テーマです。中村さんのフィールド写真館を開くと、その写真の美しさとともに、装身具が人びとの誇りであることがよく分かります。http://areainfo.asafas.kyoto-u.ac.jp/nfs/fieldphoto.htm

遠藤聡子さん（京都大学大学院アジア・アフリカ地域研究研究科）　西アフリカの代表的な服地パーニュと、この布で仕立てた服のポップさ、美しさに惹かれ、西アフリカの内陸国ブルキナファソで調査・研究をされている遠藤さん。その服が現地でどのようにつくられ、着られているのかを、仕立屋さんに通いながら調べています。現地で仕立を学び、いつか仕立師になれたらという遠藤さん。アフリカンドレスに詳しい仕立屋さんが、日本にできるといいですね！

鮫島弘子さん（デザイナー、青年海外協力隊OV　デザイン）　2002年よりエチオピア、ガーナへ渡り、ファッションショーの企画やフェアトレードプロジェクトの立ち上げなどに携わっていた鮫島さん。現在は、外資系ファッションメーカーのマーケティング部門で、多忙なお仕事の傍らアフリカの魅力を多くの人たちに伝えようと、アートやデザインを紹介する活動を始めています。ファッションショーページの素敵なレイアウトも、鮫島さんに協力していただきました。

山本純子さん（ンゴマ・ジャパニ 理事、エチオピア大使館モカ・エチオピア・ダンスグループボードメンバー）　人びとの生活とともにある唄と踊りが大好き、とおっしゃる山本さん。今回の本には執筆のほか、様々な相談にのっていただき助かりました。東アフリカの伝統芸能に魅せられ、その文化を探求し紹介する団体「ンゴマ・ジャパニ」、エチオピアのダンスを紹介する「モカ・エチオピア・ダンス」などの活動のほか、イラストや執筆を通じて、東アフリカの多様な文化を紹介する活動にも力を入れています。
ンゴマ・ジャパニのHP http://ngoma-japani.orio.jp
モカ・エチオピア・ダンスグループのHP　http://homepage3.nifty.com/mocha-ethiopia-dance

キウイア悦美さん（WEB制作・デザイン）　「ニャンブラさん（愛称）SOS、こんな写真とエッセイが必要」「はいOK」と、最初の本からシリーズすべてに、快く協力くださったニャンブラさんには感謝してもしきれません。本の制作を支えてくださった陰の功労者です。裏方のボランティアは本だけでなく、スワヒリ語やアフリカ開発メーリングリストの管理などすでに十数年に及ぶ活動も。まさにアフリカを愛し、アフリカの役に立ちたいと願い、行動されている方です。http://www.etsumi.jp

白ふくろう舎　近藤ゆかりさん（イラストレーター）　フリーのイラストレーターで雑誌やWEBにイラストを描いている近藤さん。アフリカ理解プロジェクトにご寄付をいただいたことからメールのやり取りが始まり、今回のイラストもボランティアで引き受けてくださいました。お忙しい中、私たちの出すやっかいな注文にも快く応じてくださり、ページの雰囲気にあった素敵なイラストを描いていただきました。http://www.46296.com

＜写真・情報提供＞
Bethel Women's Trading Centre、國枝美佳さん、西真如さん、黒磯由紀子さん、芳賀俊博・左代子さん、佐久間典子さん、白鳥萌さん、坂田泉さん、内藤和歌子さん、分藤大翼さん、三浦恭子さん、村尾るみ子さん、島袋弘江さん、アジスアベバ在住日本人の皆さん、アフリカ開発メーリングリスト http://PositiveAfrica.net の皆さん

この本は『アフリカが好きで、アフリカに想いがあって、アフリカの人たちの役に立ちたい』と願う人たちの協力でできあがりました。

アフリカの本づくりプロジェクト企画・制作スタッフ

白鳥くるみ 可能性を持ちながらも、多くの課題を抱えるアフリカのために何かできたらと、アフリカ理解プロジェクト http://www.africa-rikai.net を立ち上げました。エチオピアの地方都市に住み、日本とアフリカをつなぐためのユニークな取り組みを考えています。info@africa-rikai.net

若松陽子 小さい頃から洋裁が好きでアフリカに憧れ、経験を積み80年代にケニアの青年海外協力隊員に。白鳥さんとはケニアの同期。プロジェクトの東京事務所を預かっています。events@africa-rikai.net

イー・サムソン プロジェクトのWEB制作、管理をしています。香港生まれでイギリス育ち。国際協力を写真やデザインからサポートしていきたいです。http://www.atashi.jp

成岡由枝 砂漠化防止の仕事をしている夫と一緒にマリ、エチオピアに滞在しました。短期間でしたが、東西のアフリカを見て考えさせられ、アフリカの抱える問題に取り組んでいけたらと活動に参加しました。

白鳥清志 80年代のケニア農業協力隊員。現在はエチオピアでJICAプロジェクトに従事。アフリカ情報を伝える http://shiratoris.com やアフリカ開発メーリングリスト http://PositiveAfrica.net も主宰しています。

協力者の皆さん （掲載順）

黒須良玄さん（エチオピア日本大使館医務官） 7人！のお子さんをお持ちの黒須さん、タンザニア滞在時にマコンディ彫刻に魅せられ、アフリカ各地をお仕事で回る傍ら、美術・工芸品を集められたそうです。作品の年代や表現様式にこだわらず、黒須さんの感性で選んだ作品には、高名な芸術家や希少なアンティーク作品が多く、この鑑定眼は、日本画ややきものを収集されていたお父さま譲りなのかもしれません。アフリカのアーティストの作品を多くの人に見てもらいたいと、ご自宅に美術館をつくる計画をすすめられています。

吉田栄一さん（アジア経済研究所地域センター研究員） 吉田さんは、東アフリカ社会経済がご専門の研究者です。でも経済学者といったカタイイメージは、吉田さんからは感じられません。それは東アフリカの現代アートについても造詣を深められていることからも伺えます。若手の作品に注目し、現地に出かけたときはギャラリー回りを欠かさないそうです。ウガンダ・マケレレ大学の工芸学校の先生や学生と交流を続け、そこから若手アーティストを日本で紹介するといった活動も長年続けられています。

金子守恵さん（京都大学大学院アジア・アフリカ地域研究研究科） 土器づくりの女性職人に入門し、「土器づくりを学びながら！」調査研究をすすめている金子さん。女性職人が土器の素材となる粘土を採取するところから、利用者が調理具としてつかう、というところまで関心をもって調査されています。村での暮らしや現地の人たちとの触れ合い、ご研究の成果をアジア・アフリカ地域研究雑誌、フィールドワーク便りなどに掲載されています。興味深い内容ですよ！

佐藤靖明さん（京都大学大学院アジア・アフリカ地域研究研究科） 今回の本には、京都大学大学院でアフリカ研究をされている皆さんに多大なご協力をいただきました。そのお一人が佐藤さんです。2001年からウガンダをフィールドにして、バナナとともに生きる人びとの生活のなりたちや世界観を研究されています。また、どうして東アフリカ内陸部にはこの地域特有のバナナの品種が何百もあるのか、という謎に関心をもっています。樹皮布もバナナの謎も、魅力的なテーマで研究の成果が待ち遠しいですね！

福島ゆりさん（染織家） 染織を学んでいた大学の頃に出会ったマリの泥染め布をきっかけに、アフリカの染織のもつ魅力と深さの虜になった福島さん。一枚の布を'染織する'というところに行き着いたのも、やはりアフリカ女性の布の使い方に出会ったからだそうです。本来、布とはシンプルで美しいものなんだと気づかされ、現在も型染めによる染織活動（wildriri）の傍ら、布との出会いを求めて、東西アフリカを訪れています。これからが楽しみな、できたばかりの福島さんのHP。http://www010.upp.so-net.ne.jp/wildriri

アマドゥ・トゥンカラさん（画家・染色家）、**トゥンカラ・智子さん**（Art Cafe Bar & Gallery経営） セネガル共和国・ダカール出身のアマドゥさん、日本人の智子さんは、気さくで愉快なご夫婦で、お二人の人柄や作品に惹かれるファンが多くいます。創作活動のほかに、若手アーティストのための展覧会を開催、職業訓練プロジェクト、国際交流プログラム、講演など多方面で活動、情報発信を兼ねた「Art Cafe Bar & Gallery "SARABA"」を最近自由が丘にオープンされました。http://www.saraba.jp

**本の収益で、アフリカの牧畜民の女子たちが
元気に学校に通っています。**

詳しくはこちらで
http://africa-rikai.net

アフリカ理解プロジェクト　エチオピア「みんなの学校」

【編集後記】

編集後記までたどりつくと、いつもはほっとするのですが、今回はシリーズをすべて刊行し、やった！という気持ちと、寂しい……という複雑な気持ちが交差しています。最後の『アート＆クラフト』が、苦しくも楽しい作業だったこともあって、この思いはひとしおです。思えば、1年に1冊のペースで出版してきたこの『おしゃれなアフリカシリーズ』は、最初の発刊からすでに4年の歳月が流れています。4冊の本が刊行されたこの4年間に、アフリカには大きな変化がありました。

アフリカ報道に長年かかわってきたジャーナリスト Charlayne Hunter-Gault は、「アフリカのニュースは4D（death 死、disease 病気、disaster 災害、despair 絶望）ばかりで、人びとにアフリカの問題は手に負えず、何をやってもだめなのではないかと思い込ませてしまっているけれど、視点を移せば、アフリカでも当然のことながらさまざまなことが起きている。紛争の数は確実に減っているし、女性の大統領も生まれた。国連の副事務総長はタンザニア人の女性だ。メディアは、アフリカのニュースに、大衆は関心を持たないと思っているが、それはジャーナリストの勝手な思い込みだろう。ある国に飢餓の取材で行ったならば、少し足を伸ばせば同じ国内でも飢餓ではない人びとの暮らしを見ることはできるし、国づくりに取り組む人びとの姿を見ることができるのだ」と言っている。

私たちはこれからも、アフリカの大人や子どもたちには、夢や希望や力を与える本を、日本や欧米の読者には、これまでにない切り口のアフリカの本を、どちらの読者にも「アフリカの可能性」を感じられる本をつくり続けていきたいと思っています。

『おしゃれなアフリカシリーズ』をお買い上げいただき、本当にありがとうございました。本の収益は、すべて子どもと女性のための教育プロジェクト、アフリカ理解推進のための活動に有効に使います。

最後になりましたが、自由にのびのびと本づくりをさせてくださった明石書店の大江道雅さん、難しい注文に黙々と応えてくださった岡崎高之さん、そして多くの時間と知見を惜しみなくこの本のために掛けてくださった今井芳樹さんに心からお礼を申し上げます。

2007年4月
アフリカ理解プロジェクト代表
白鳥くるみ

「広大なアフリカ、多様なアフリカのすべてを伝えられるとは思いませんが、私たちが共感したアフリカ、私たちの好きなアフリカをこれからも伝えていきます」

African Arts & Crafts　62

見る・つくる・知る　おしゃれなアフリカ4
アフリカンアート＆クラフト

2007年4月30日　初版第1刷発行

編　集	アフリカ理解プロジェクト
発行者	石　井　昭　男
発行所	株式会社　明石書店

〒101-0021　東京都千代田区外神田6-9-5
電話　　03（5818）1171
FAX　　03（5818）1174
振替　　00100-7-24505
http://www.akashi.co.jp/

組版・装丁　　明石書店デザイン室
印刷・製本　　モリモト印刷株式会社

（定価はカバーに表示してあります）ISBN978-4-7503-2548-4

見る・つくる・知る おしゃれなアフリカ

● アフリカ理解プロジェクト編 ● B5判変型／並製 ◎各1000円

① **アフリカンドレス**〈第2版〉
ドレスやビーズアクセサリーのつくり方や着こなし方、アフリカ流のヘアースタイルや布を使ったおしゃれの楽しみ方を紹介。ファッションを通じてアフリカに触れよう。

② **アフリカンキッチン**
あまり知られていない、おいしくておしゃれなアフリカ料理のつくり方と楽しみ方やアフリカの食材・植物を、写真やイラストでわかりやすく紹介。アフリカを味わいアフリカを知ろう。

③ **アフリカンリビング**
ゆったりとした時間の流れるアフリカの家、手作りできるインテリアを豊富な写真とイラストを使い、オールカラーで解説。

④ **アフリカンアート＆クラフト**
絵画、陶芸、木彫などのアートが盛りだくさん。見ているだけでも楽しい、アフリカゆかりのバティック、ビーズ、革細工やかごなどのクラフトのつくりかたをオールカラーで解説。

● 以下続刊 ●

モロッコを知るための65章
エリア・スタディーズ 63　私市正年、佐藤健太郎編著
◉2000円

リビアを知るための60章
エリア・スタディーズ 59　塩尻和子
◉2000円

タンザニアを知るための60章
エリア・スタディーズ 58　栗田和明、根本利通編著
◉2000円

マラウィを知るための45章
エリア・スタディーズ 36　栗田和明
◉2000円

ハンドブック現代アフリカ
[オンデマンド版]　岡倉登志
◉3500円

まんがで学ぶ開発教育 世界と地球の困った現実　飢餓・貧困・環境破壊
日本国際飢餓対策機構編　みなみななみ まんが
◉1200円

多文化共生キーワード事典
多文化共生キーワード事典編集委員会編
◉1800円

参加型ワークショップ入門
ロバート・チェンバース著　野田直人監訳
◉2800円

〈価格は本体価格です〉